ちくま新書

「かわいい」論

四方田犬彦
Yomota Inuhiko

578

「かわいい」論【目次】

第１章

「かわいい」現象

†イタリアの『セーラームーン』

一九九四年のことであったが、イタリアのボローニャという大学町に滞在して映画史の勉強をしていたころ、夏休みの直前、鉄道駅の柱や壁に貼られているポスターがいっせいに変わったことがあった。貼り替え自体はどこでもあることだったが、わたしが驚いたのはポスターの中身だった。そこではセーラー服を着た金髪の女の子がイタリア語で「女の子たち、夏だよ！」と呼びかけている、日本の少女漫画が描かれていた。武内直子原作のアニメ『美少女戦士　セーラームーン』（以下、『セーラームーン』）がその少し前からイタリア全土でTV放映されていて、イタリア国有鉄道はその爆発的な人気にあやかって、夏の旅行キャンペーンを開始したのだった。ポスターは駅構内のいたるところに貼られていて、わたしはその夏中、イタリア中を旅行するたびに、月野うさぎちゃんの笑顔に付き合わされることになった。だがそれだけではない。駅のキオスクでは、『セーラームーン』の漫画月刊誌までが目立つ場所に置かれて、販売されていた。それもバックナンバーまで含めて。

ボローニャは観光客がほとんど足を向けることのない、ひどく静かな町である。世界最古の大学のひとつがあるためか、古書店が多く、南瓜《かぼちゃ》色の柱廊の下を潜りながら散歩をしていると、つい数カ月前まで東京の雑踏のなかで忙しげに生きてきた自分が嘘のように思われてくる。だがそのボローニャにも二軒の漫画専門店があり、日本製のフィギュアが、まるで神棚に祀られているかのように仰々しく、ディスプレイとして飾られていた。わたしが知り合いになった学生たちのなかには、日本の美少女アニメに夢中で、わたしよりもはるかに詳しい知識をもっている若者がいた。翌年、わたしはこの町を去り、東京へ戻った。風のたよりに、日本の有名な漫画古書店である「まんだらけ」のヨーロッパ一号店が、ボローニャに開店したという話を聞いた。パリでも、アムステルダムでもなく、ボローニャに。わたしは、さもありなんという気持ちを抱いた。

†アニメから始まる日本

ボローニャで衝撃的な出会い方をして以来、わたしは世界のいたるところで、このセーラー服の五人組の少女たちに出くわすことになった。ある年の暮れに訪れた北京の街角では、彼女たちが満月の下で微睡《まどろ》んでいるようすを描いたクリスマスカードが売られていたし、ウィーン大学のキャンパスでは、サークルの募集を告げる立て看板に、月野うさぎやら、ルナ猫やら、タキシード仮面やらが描かれているさまを発見した。それからさらに歳月が経過し、二〇〇四年にわたしはコソヴォの難民キャンプに仮設されたプレハブ校舎の大学で、しばらくの間教鞭を執ることとなった。セルビア人とアルバニア人が激しく反目しあっているこの地にあって、わたしは小学校の廃校校舎を転用したキャンプにいくたびに招待されたが、そこでもTV画面から『セーラームーン』が流れていた。字幕や吹替えの予算がとれないため、アニメは原語のまま、説明抜きで放映されていた。それでも難民の子供たちは食い入るように、画面に見入っていた。

　世界中いたるところで人々は、まず『セーラームーン』に代表されるアニメを通して、日本なるものに触れるのだった。彼らがはたしてそれを日本と認識しているかどうかは、別の問題である。何かひどく親しげで、かわいらしくて、ロマンティックで、感情的に同一化できるもの。少女の情熱を丸ごと包摂できるメディアに、多くの人たちは深い親近感を覚えていた。そしてそれはたまたま日本文化だった。

†世界を席巻する「かわいい」

「かわいい」という形容詞が気がかりに思えてきたのは、この『セーラームーン』体験より少し前、昭和天皇裕仁が八十七歳の生涯を終えようとしているときである。当時売り出し中の女性エッセイストが、週刊誌の連載コラムのなかで、「天皇って意外にかわいい」といった類の発言をしていることを、わたしは知った。これは戦中派にも、左翼にも、ましてや民族主義者にも、けっして口にできない類の発言であった。わたしは「えっ！」と驚いたが、その時はこの「かわいい」の具体的な意味合いを詳しく確かめることができなかった。彼女は裕仁を余命いくばくもない不憫な老人として、憐憫の眼差しを向けたのだろうか。あるいはそれは、無害な老人への敬愛の表現なのだろうか。それとも単に、TVニュースに繰り返し登場する、往時の天皇のおっとりとした容貌に、ヌイグルミに似た印象を感じ取ったのだろうか。いずれにせよこの時期までに「かわいい」という形容詞は、従来の狭小な範囲の言葉であることをやめ、より自由に、目的に応じて口にできる流行語のありかたを体現するようになっていた。「かわいい」は子供やヌイグルミばかりか、日本をかつて巨大な破壊へと導いていった老人をも含みこむ形容詞となったのである。ちなみに映画監督原一男の談によると、彼のドキュメンタリー『ゆきゆきて、神軍』を観終わった女性観客のなかに、現実の奥崎謙三を目のあたりにして、「かわいい！」と歓声をあげた者がいたという。

二〇〇〇年にわたしは台北とソウルに滞在していた。台北では恰日族《ハーリー》と呼ばれている、日本大好きを標榜する若者たちと対話をする機会があった。どうして日本がそう好きなんだいとわたしが尋ねると、「だって日本では何もかもがかわいいからです」という答えが戻ってきた。「かわいくない物もじっとつきあっているうちに、段々かわいくなってゆく。

図1「かわいい」キャラクターは次々と切手にまでなっている。

（右）©Nintendo・Creatures・GAME FREAK・TV Tokyo・Shopro・JR Kikaku ©Pokémon
（中、左）©藤子プロ、小学館

その過程がかわいいんです」。釜山映画祭では日本から浅野忠信が舞台挨拶に立った。その瞬間、会場にいあわせていた若い女性たちがいっせいに「か・わ・い・いっ！」と、日本語でシュプレヒコールを連発した。わずか二年前まで日本の歌舞音曲を厳重に禁止していた韓国とは、とても思えない光景だった。

それからしばらくして、アメリカ東部の大学で教鞭を執っている中上健次の英訳者が、休暇で東京にやって来たことがあった。次の研究課題を漠然と日本の少女文化にしようと考えていた彼女は、巨大な書店の棚がひとつ丸ごと、少女のための小説やエッセイ集、写真集、デザイン本、それにファッション関係の本で埋められ、英語でgirl's culture と脇に記されているのを見て、感激のあまりに何枚も写真を撮影したと語った。アメリカでは、成熟の途上である少女それ自体が社会のなかで価値付けられることは、まずありえない事態である。しかし、こうした本棚があるということ自体が、日本文化のなかに少女的なるものの占める重要性を示している。加えて膨大な数の少女漫画。宝塚とアイドル・グループに関する写真集や書物。日本の少女文化こそは、まさしく研究のしがいのある分野ではないかと、彼女はいい、自分の娘のために山ほどのキティちゃんグッズをお土産に買い集めると、アメリカに戻っていった。その年、『千と千尋の神隠し』がベルリン映画祭でグランプリを受賞した。パリのある画廊は日本のアニメキャラクターを集めて、「KAWAII」という展覧会を開き、ヴェネツィア・ビエンナーレの日本館は、アニメの美少女のイメージで展示を行なった。ハーヴァード大学では若い東アジア研究者たちが集まり、CUTISMについての学会を開催した。CUTISMとは初めて聞く単語だったが、それがダダイズムやキュビズムと同じく、「かわいい主義」であることは推測ができた。

†消費社会に君臨する美学

今日では「かわいい」は、世界のいたるところで出会うことになる現象である。ためしに渋谷でも原宿でもいい、東京で若者の集う繁華街を歩いてみよう。デジタルディスプレイから店先の広告まで、街角の映像と記号の多くには、「かわいい」の香辛料が振りまかれている。本来は厳粛な空間であるべき銀行ですら、漫画のキャラクターを大きくあしらっている。通行人はというと、細々《こまごま》としたストラップで飾り立てた携帯電話をひっきりなしに用い、友人に贈り物をするために小さなグッズの探索に忙しい。そのバッグには小さなヌイグルミが結び付けられていたり、アニメのキャラが描かれていたりする。若者たちのストリートファッションは、ロンドンのパンクやモッズと違い、対抗文化のもつ政治性をいっさい感じさせない。彼らは「かわいい」がゆえに、そうした服装を選択するのだ。八〇年代の丸文字と「のりP語」、九〇年代の「オタク」、そして二〇〇〇年代の「萌え」ブームまで、日本の「かわいい」文化は世界のサブカルチャーのなかでも、徹底した脱政治性において独自のものといえるだろう。

だが日本を離れれば「かわいい」文化から離脱できるかというと、事態は逆である。日本のTVアニメが放映されているところ、巨大な両眼のなかに星を浮かべた少女たちの漫画が読まれているところ、お気に入りのプリクラを作成するために少女たちが長蛇の列を作るところ、そして美少女を象ったフィギュアとキティちゃんグッズがショウウィンドウに陳列されているところ、そこには例外なく「かわいい」美学が君臨する空間がある。「かわいい」の美学は国境を越え、民族と言語の壁を越え、思いもよらぬところで人々に蒐集を呼びかけ、コスプレの変身原理となり、消費社会の重要な参照項目と化している。

そう、「かわいい」は今や全世界を覆い尽くす一大産業と化している。任天堂はポケモン・グッズで五〇〇〇億円を越すビジネスを商い、日本発のキャラクター商品の総売上は年間に二兆円を越している。キティちゃん関連のグッズは六〇カ国で販売され、その点数は五万点に及んでいるのだ。

小さなもの。どこかしら懐かしく感じられるもの。守ってあげないとたやすく壊れてしまうかもしれないほど、脆弱で儚《はかな》げなもの。どこかしらロマンティックで人をあてどない夢想の世界へと連れ去ってしまう力をもったもの。愛らしく、綺麗なもの。眺めているだけで愛くるしい感情で心がいっぱいになってしまうもの。不思議なもの。たやすく手が届くところにありながらも、どこかに謎を秘めたもの。ひとたび「かわいい」という魔法の粉を振りかけられてしまうと、いかなる凡庸な物体でさえ、急に親密感に溢れた、好意的な表情をこちら側に向けてくれることになる。無罪性と安逸さに守られたユートピア。そこでは現実原則の桎梏《しっこく》から解放された者たちが、人形やヌイグルミからアニメの登場人物までに無限の愛情を注ぎながら、無時間的な幸福さに酔い痴れることになる。

†かわいくなりたくない女

「かわいい」に対しては、批判がないわけではない。

ニューヨークのタイムズスクウェアには、かつて大ポルノショップ街だったところが整理され、今では「ハローキティ」の専門店がドカンと建っている。文字通り「かわいい」子猫の人形からシール、文房具、ヴィデオ、その他ありとあらゆるグッズがここでは販売されている。このキティちゃんブームに反撥を覚えたアメリカのある女性パフォーマーが、ハローキティに口がないのはアジアの男性優越主義が女性に沈黙を強要していることの証であると告発したと、研究者は報告している(1)。

これに関連して、個人的な思い出を話しておきたい。わたしはある時、ニューヨークの女性編集者と「かわいい」をめぐる話をしていたとき、現在のアメリカでは女性を不用意に cute と呼ぶことは、政治的公正さを無視した差別擁護の運用に当たることになると、強い詰問口調でいわれたことがあった。もっとも彼女は奇妙なことに、女性が少年をとらえて a cute boy と呼ぶことにはいささかも疑問を感じていなかった。ともあれ cute には、それに固有の支配の力学があり、それはすぐれて政治的なものとなりうることを、わたしはこの時の対話から知った。わたしの友人に、日本人ではあるが「キューティ」というニックネームをもった美しい女性がいる。オペラや芝居の買い付けのために世界中を飛び回っている相当な経歴の持主なのだが、彼女は今の話をいったいどう思うだろうか。

わたしの見聞したかぎり、「かわいい」に対してもっとも深い憎悪を示したのは、社会学者の上野千鶴子である。彼女は老人問題を扱った最近の著作のなかで、「かわいい」とは「女が生存戦略のために、ずっと採用してきた」媚態であると一刀両断し、子供や孫に面倒を見てもらうために「かわいい」老人であることが推奨されている今日の日本社会のあり方に、疑問を呈している[2]。かわいければ得をする。かわいくなければ女じゃない。こうした認識はまさしくイデオロギー的なものであって、女性を旧来の依存的存在に押し留めておくための方便であり、またかかる状況にあって女性が生き抜いていくための生存戦略でしかない。老人と子供が「かわいい」と呼ばれるのは、いずれもが責任能力を欠落させた存在であるためであり、厄介者、お荷物扱いされる点では、変わるところがない。このように立論する上野は、人から「かわいくない女」と呼ばれていることを得意げに披露し、老後にあっても「かわいいお婆ちゃん」であることを拒否したいと、堂々と抱負を述べている。

†二十一世紀の日本の美学

「かわいい」現象がこうして毀誉《きよ》褒貶《ほうへん》のただなかにあることは、それが現代日本の神話としてきわめて大きな意味を担っていることを物語っている。事実それは天蓋のように、日本という社会を覆っているのだ。だが、そうした状況は一朝一夕に準備されたものではない。わたしは文化本質論を気取るつもりはないが、十一世紀の『枕草子』に有名な叙述があるように、日本文化の内側に小さなもの、幼げなものを肯定的に賞味する伝統が確固として存続してきたことは、やはり心に留めておくべきだと考えている。それは欧米のように未成熟を成熟への発展途上の段階と見なし、貶下して裁断する態度とは、まったく異なっている。「かわいい」を二十一世紀の後期資本主義社会の世界的現象とのみ理解するだけでは、それが日本から発信されたことの理由が理解できなくなってしまうだろう。共時的な認識と通時的な認識とを同時に働かせないかぎり、「かわいい」の美学、神話学に接近することはできないのだ。

思い出してみようではないか。かつて十一世紀の日本の貴族社会は、すべての物が移りゆくという無常を前に「もののあはれ」という美学を説いた。十三世紀の歌人は、あえて感情を明示せず、暗示に富んだ表現に徹することを「幽玄」と呼んだ。十六世紀の茶人は色彩を極度に抑制し、偶然と不規則性を愛し、豪奢の不在を想像力で補うところに「わび」の顕現を見た。そして十八世紀の遊女は、意地と媚態と諦念からなる「いき」を洗練された行動原理とした。であるとすれば、小さな物、どこかしら懐かしく、また幼げである物を「かわいい」と呼び、それを二十一世紀の日本の美学だと見なしたところで、どうしていけないことがあるだろう。しかもその美学は、美学の枠をはるかに超えて、全世界に跨《またが》るイデオロギーとして蔓延しつつあるのである。

†本書の構成

第1章を閉じるにあたって、以下に続く章の内容を簡単に要約しておきたい。

第2章では、「かわいい」という日本語がまず現在の文学と映画でどのように用いられているか、その典型を示したのち、語源の探求を行なうことにする。平安時代にあって貴族階級の語彙であった「うつくし」と、庶民の俗語である「かはゆし」が、いかに意味を転移させて、今日の意味に落ち着くまでになったか、その系譜が辿られる。さらに視点を時間軸から空間軸に切り替えて、いくつかの外国語における「かわいい」と「美しい」の対立に触れ、日本語の「かわいい」のもつ独自性を確認する。

第3章はこれとは対照的に、現在の大学生二四五人に試みたアンケートを分析する。「かわいい」と人から呼ばれたことがあるか。もし呼ばれたことがあるなら、どのような状況においてであるか。「かわいい」と呼ばれたいと思うか。こうした問いを通して浮かび上がってくるのは、「かわいい」とは実のところ実体的なものではなく、むしろ人間関係のなかに浮かび上がる虚構の状況であり、消費経済の回路のなかにおいてこそ成立する、蜃気楼《しんきろう》のような現象ではないかという問いである。何が「かわいい」かはさして本質的な問題ではない。ある事物が「かわいい」と見なされた直後に、その範疇から残酷にも排除されるという事態は、われわれの周囲にいくらでも転がっている。いかなる状況において、いかなる関係性のなかで「かわいい」という言葉が発語されるかが、より重要なのである。

第4章からは、いよいよ「かわいい」を構成する要素の分析に入ってゆく。ここでは、先のアンケートの延長上に、「かわいい」に対立する形容詞の調査に始まって、「かわいい」と「美しい」との間の宿命的な関係と、さらにグロテスクとの隣接競合関係とが論じられる。なぜヌイグルミは、赤ん坊は、ペットは「かわいい」のか。だがその「かわいい」という観念がひとたび破綻したとき、何が生じることになるのかが論じられる。

第5章では、「かわいい」の重要な属性である小ささ、ミニュアチュールが論じられることになる。日本文化が伝統的に特徴としてきた「縮み」志向と「かわいい」文化とは、はたしてどのような関係にあるのか。小ささが手繰りよせることになる夢想の王国としての、プリクラがもつ意味とは何か。「かわいさ」によって隠蔽されてしまう他者性とはいかなるものかが、ここでは分析される。

第6章の前半ではその後を受けて、ノスタルジアとスーヴニール、すなわち記念品やお土産ものの哲学が語られる。イデオロギーとしてのノスタルジアが歴史と対立し、それを隠蔽するさいに、「かわいい」は持ち駒として動員される。後半では少女的なるものの顕現であり、成熟に対する拒否の表現としての「かわいい」の例として、『セーラームーン』

が分析される。

第7章では、現在の日本の大衆消費社会に流通しているいくつかの女性雑誌を例にして、そこで「かわいい」なる形容詞がどのような意味の含みを与えられているかが分析される。

第8章では、東京の「かわいい」スポットのなかから、秋葉原、池袋サンシャイン付近、新宿二丁目が選ばれ、そこで商品として流通している「かわいい」が、ジェンダーによっていかに異なった様相を示しているかが語られる。

第9章では、今日のグローバライゼーションの環境のなかで、日本に発した「かわいい」現象が、東アジアはもとより、欧米にまで波及し、いたるところで巨大な「かわいい」産業を築き上げていることが指摘される。日本のキャラクターグッズは年間に二兆円を売る巨大な市場を作り出した。日本的なるものが文化的無臭性を帯びることで国境を越えてゆくこうした状況にあって、「かわいい」がどのような形で受容されているかについて、「ポケモン」と「キティちゃん」の例に言及しつつ、分析がなされることになる。

もちろんこのように9章にわたって多角的に論じてみても、「かわいい」の本質に接近するのはなかなかに至難のわざであるとしか、いいようがない。「かわいい」とは、掌に摑んだと信じた瞬間に、するりとそこから抜け落ちてしまう、とらえどころのない何物かであるのだ。だがそれが日本文化のどこかに起源をもち、さまざまな次元の変遷を経たあげくに今日の日本を覆う巨大な神話として君臨していることは事実である。はたしてそのイデオロギーとしての側面にどれだけ肉迫できたかは心もとないが、ともあれこれだけ重要でありながらも一度たりとも正面きって分析の対象とされていなかった現象についての、最初の書物であるということだけはいえるだろう。

さて前口上を述べる時は過ぎた。読者よ、本文をこれからお読みいただきたい。

第2章

「かわいい」の来歴

†太宰治は「かわいい」をどう描いたか?

鏡を覗《のぞ》くと、私の顔は、おや、と思うほど活き活きしている。顔は、他人だ。私自身の悲しさや苦しさや、そんな心持とは、全然関係なく、別個に自由に活きている。きょうは頬紅も、つけないのに、こんなに頬がぱっと赤くて、それに、唇も小さく赤く光って、可愛い。眼鏡をはずして、そっと笑ってみる。眼が、とってもいい。青く青く、澄んでいる。美しい夕空を、ながいこと見つめたから、こんなにいい目になったのかしら。しめたものだ。(3)

太宰治が一九三九年に発表した短編『女生徒』の一節である。この短編の語り手である「私」は、どうやら中央線沿線の東京近郊に住んで、お茶の水あたりの女学校に通っているらしい。彼女は父親を亡くした直後である。朝、ひどく憂鬱な気分で目覚めると、嫌々ながら眼鏡をかけ、「きのう縫い上げた新しい下着」を着る。下着に小さい白い薔薇の花を刺繡しておいたのが、密かな自慢である。彼女は母親譲りの「アンブレラ」と、文房具を入れた「可愛い風呂敷」を手に学校へ出かける。こんな古風な傘をもって、ボンネット風の帽子を被り、黒い絹のレースの長い手袋をして、パリの下町にあるレストランに昼食を食べに行ったら、どれほど素敵だろうと想像してみる。
「私」は本ばかり読んでいて、そのたびごとに別の人間になってしまったような気がする。どれが本当の自分なのかがわからない。「女は、自分の運命を決定するのに、微笑一つで沢山なのだ」と思って、恐ろしいと思うが、一方で「美しさには、内容なんてあってたまるものか。純粋の美しさは、いつも無意味で、無道徳だ」といってみたりもする。学校には、小杉先生という「綺麗」な先生がいる。「私」は小杉先生に魅かれているのだが、先生には「どこか、無理なところがある」と思い、同情している。

　放課後、「私」は友だちのキン子さんといっしょにこっそりと美容院に行くが、出来あがった髪が気に入らない。「私は、ちっとも可愛くない」と思う。けれどもキン子さんが上機嫌で「このまま、見合いに行こうかしら」などといい出すので、「ほんとに、何も考えない可愛らしいひと」という感想を抱く。帰り際に夕焼けの空を眺めていると、父親のことが思い出され、気分が高揚してくる。「みんなを愛したい」と涙が出そうなくらいに思い、「美しく生きたい」と口走ってしまう。帰宅すると、飼い犬のジャピイが井戸端の茱萸《ぐみ》を食べているので「急に、歯ぎしりするほどジャピイを可愛く」なってしまう。本章の冒頭に引いた一節は、その後、自分の部屋に戻った「私」が鏡を覗いて口にする感想である。その後も「私」は台所に行き、お米を研ぎながら「お母さんが可愛く、いじらしくなって、大事にしようと、しんから思う」。彼女が夜、物思いに耽りながら蒲団のなかで眠りに落ちてゆくところで、この短編は終る。

『女生徒』には、短い分量ながら「かわいい」をめぐって、さまざまな用例が登場している。たとえば「風呂敷」の「かわいい」とは、好ましく小さいという意味である。美容院で気に入らなかった髪形の「かわいい」は納得がいくほどに魅力的であり、キン子さんをめぐる「かわいい」は、憐れむべくおめでたいという、いささか見下した用法である。ジャピイの「かわいい」は愚かしくも愛くるしいであり、お母さんの「かわいい」は哀れで同情に値し、守ってあげたいという気持ちの表現である。そして冒頭の一節にある「私」の唇の「かわいい」は、小さくて、可憐で、愛おしさに満ちているという意味であり、「私」が下着にこっそりと縫いこんだ「白い薔薇の花」と隠喩の関係を保っている。

さすがに太宰だなと唸ってしまうのは、彼が表向きは「美しさ」について、無理が感じられるとか、道徳や内容を超えたものだという警句を発しながら、その実、「私」を回転軸として「かわいい」のさまざまな変奏を披露しているところである。どの「かわいい」も微妙に異なった陰影のもとにあり、それが語り手である「私」の、そのたびごとに別の人間になってしまうような未決定感に対応している。かくして身近にある「かわいい」が、遠くにある「美しい」とみごとな対位法を演じることによって、作品全体は幕を閉じる。

この作品によって太宰は、一人称で若い女性が独白するというスタイルを確立した。その意味で戦後の『斜陽』や『皮膚と心』の祖形が、ここには現れている。だが同時にそれは、久生十蘭の『だいこん』に始まり、戦後に書かれることになるあまたの少女小説、ジュニア小説、さらに橋本治の『桃尻娘』から舞城王太郎の『阿修羅ガール』まで、日本の戦後文学にあって一大ジャンルとなった少女独白小説の嚆矢《こうし》ともなった、記念碑的作品である。「かわいい」という主題と「かわいく」語るという文体がその間にいかに変化発展していったかを辿れば、興味深い文学史が辿れることだろう。

†居心地の悪い「かわいい」の例

『女生徒』は「かわいい」が肯定的に用いられている例であった。次にここでそれが微妙な捩《ねじ》れのもとに、居心地の悪い用法として用いられている場合をあげてみよう。森田芳光『家族ゲーム』(4)のなかで、サラリーマン伊丹十三と専業主婦由紀さおりの家庭に、長男の家庭教師として松田優作が到来した夜の、夕食の情景である。

父親「で、どうだね、シゲユキは」
家庭教師「まあ、かわいい、じゃないですか」

図2　『家族ゲーム』では、旧世代と新世代の間で、「かわいい」をめぐってちぐはぐな会話がなされる。
（©ATG／にっかつ）

父親「かわいいって、あんた、犬や猫を選んでるんじゃあないのだからね」
母親「今日は猫、被ってるんですよ」（……）
父親「もてるかね、ホラ、その女の子にさ」
家庭教師「駄目ですね。お金ないですから」
父親「金かあ」
母親（思い出したかのように、しげしげと家庭教師を見て）「かわいいですもんね」
父親「顔、いいかねえ？」
家庭教師「かわいいですよ、ぼくは」

みごとに不均衡で噛みあっていない対話なのだが、そのなかではいかにも旧世代に属する父親と新世代の家庭教師とでは、同じ「かわいい」という言葉をめぐって、まったく異なった使用法がなされている。父親にとってこの言葉は、犬や猫のような、目下の動物を愛玩するための基準の形容詞であって、自分の愛する息子にそれが向けられることは耐えられないことである。だが正体不明の大学生の松田優作にとって「かわいい」とは、世間を無難にやり過ごす隠れ蓑のようなクリシェの言葉にすぎない。彼は「かわいい」という仮面を被って、あちらこちらの家庭に出没したり、女から女へと無為な彷徨を続けているのかもしれないのだ。

『家族ゲーム』で描かれているのは、「かわいい」という、とうに磨り減ってしまった感のある言葉をめぐる居心地の悪さである。ここには『女生徒』のように、この言葉に真摯にして生気潑剌していた感情を託そうとする姿勢はどこにも見られない。「かわいい」という言葉は、誰によって口にされるかでまったく異なった意味の含みをもっており、それらが一致したり、理解しあったりすることはもはやない。監督の森田が意図していたのは、ステレオタイプの極にまで辿り着いた言葉だけを集めて、はたして脚本が成立するだろうかという、アイロニーに満ちた実験であった。

†そもそもは『枕草子』

ではこの「かわいい」という言葉は、いかなる起源をもっているのだろうか[5]。

この単語の源流を遡ってゆくと、文語の「かはゆし」にぶつかる。それをさらに遡ると「かほはゆし」という言葉に突き当たる。「顔」と「映ゆし」が結合した言葉である。「映ゆし」は「おもはゆし」とか「目映《まば》ゆし」といった言葉の語尾にも用いられており、その原型は「映《は》ゆ」である。「映ゆ」は今でいう「映える」であって、ものごとがいっそう鮮やかに見えたり、反映しあって美しく見えたりする状態を示している。活力が満ちて、いっそう盛んになると解釈してもいい。したがって「かほはゆし」とは直訳するならば、顔が以前にも増して明確に引き立ったり、興奮のあまりに赤く色づいてしまうことを示すことになる。今日でいう「萌え」という単語は、その意味で先祖返り的なところがあり、興味深い。

「かはゆし」が最初に文献に登場するのは、十二世紀に編纂された『今昔物語集』の第二五巻六話においてである。「コノ児《チゴ》ニ刀ヲ突キ立テ、矢ヲ射立テ殺サムハ、ナホカハユシ」(6)という下りに「かはゆし」が用いられている。もっともここでの意味は現在とは大きく異なっていて、『古語大辞典』(小学館、一九九三)によるならば、「痛ましくて見るに忍びない。気の毒だ。不憫だ」という意味であった。

この辞書は、他にも「かほはゆし」の意味をあげている。まず最初に掲げられているのが、「心がとがめて顔が赤らむ状態。面はゆい。恥かしい。恥かしくて顔がほてる」という意味であり、その例として、『建礼門院歌集』にある「人のさるやなどいふにはいたく思ふさまのことかはゆくおぼえ」(7)という一節が挙げられている。われわれが今日もっぱら用いている「愛らしい。かわいらしい。子供っぽい」という意味は、『大言海』では三番目に置かれているにすぎない。それはその意味が、「かはゆし」の成立直後にあって、まだ後発で周縁的なものにすぎなかったことを示している。

では、「かはゆし」という単語がなかった時代に、日本人はかわいいものをどのように呼んでいたのだろうか。いくら古代だからといって、奈良時代や平安時代にかわいい女の子やかわいい小動物がまったく存在していなかったはずはない。その答えは「うつくし」である。貴族階級が口にする「うつくし」が指し示す領域が、次第に新興勢力である俗語に押されて、所有権を譲り渡すまでが、中世に生じた言語学的闘争であった。

「うつくし」は、漢字では「美し」とも「愛し」とも書くが、平安時代にあっては今日の「美しい」、すなわち beautiful という意味よりも、むしろかわいいという意味あいで用いられていたことが知られている。そして今日の「美しい」に相当するのは、「くたし」であった。十一世紀初頭に清少納言が著したエッセイ集『枕草子』から、有名な一四六段の一節を引用してみよう。

うつくしきもの　瓜《うり》にかきたるちごの顔。雀《すずめ》の子のねず鳴きするにをどり来《く》る。また、へになどつけてするゑたれば、親雀の虫など持《も》て来《き》てくくむるも、いとらうたし。二《ふた》つばかりなるちごの、いそぎて這《は》ひ来《く》る道に、いと小さき塵《ちり》などのありけるを、目ざとに見つけて、いとをかしげなる指《および》にとらへて、大人《おとな》などに見せたる、いとうつくし。尼《あま》にそぎたるちごの、目に髪のおほひたるを、かきはやらで、うちかたぶきて物など見る、いとうつくし。(8)

ちなみに二十世紀初頭のロンドンの日本文学者アーサー・ウェイリーは、『枕草子』を英訳するさいに「うつくし」を pretty と翻訳している。ところどころに疑問の箇所はあるが、彼の訳文をあえてもう一度日本語に直してみることで、清少納言が「うつくし」なる形容詞のもとに何をイメージしていたかを、今日的観点から確かめてみることにしよう。

かわいいもの。
メロンに歯を立てている子供の顔。雀の雛にむかって「チュッ、チュッ」と呼んでやると、こちらにピョンピョンやってくるところ。この雛を捕らえ、足を糸で括っておいたところに、親鳥が虫餌とかを与えにくるところ。三歳かそこらの子供が地面に落ちている小さな変なものを突然に見つけて駆け出すと、小さな指で摑みとり、大人のところにもってきて見せるさま。修道女のようにボブヘアーに身なりを整えた少女が、何かものを見つめるために髪を目からどけようとして、額を後ろへと擡げるさま。(9)

なるほどこうした記述を眺めていると、日本人の小さなもの、かわいいものに対する親しげな眼差しというものは、実は千年以前から少しも変わっていなかったのだなと妙に関心してしまう。清少納言が現在でいう「かわいい」の例として挙げているものは、幼げな者であり、無邪気で、純真で、大人の庇護を必要とする者であって、そのさいで遊戯的な身振りに焦点が当てられている。そこには成熟した者の高い地点に立った、未成熟なる者を支配し見下す眼差しは感じられず、むしろ未成熟なる者を美として肯定しようとする姿勢が窺われる。ちなみに生涯イスタンブール以東を訪れることなく、あまりの内気さから女性と正常な恋愛を営むに至らなかったウェイリーは、こうした未成熟の美学に深い共感を示した人物ではなかったかと、わたしは睨んでいる。

†「かわいい」の変遷

まあそのことはさておいて、「かはゆし」という語の変遷に戻ってみよう。先の『古語大辞典』には、「かはゆし」の初出が『今昔物語集』であったことは、この言葉が本来、下層階級の俗語であったためであろうという仮説が記されている。[10] なるほど宮中に集うやむごとなき方々は、「うつくし」を用いたのであろう。だが時代が下り、中世も末期となると、「かはゆい」という語から「痛ましい」とか「気の毒だ」といった否定的な意味合いが少しずつ消滅してゆき、「愛らしい」という、新しい意味が優位となってくる。『狂言記』にある「そなたのためには孫ではおぢゃらぬか。母を尋ぬるがかはゆうはおぢゃらぬか」という用例などは、その典型であるだろう。さてある時期から「かわいい」を漢字で「可愛い」と記すようになった。これは仏典から語彙を借りた当て字である。

一六〇三年にイエズス会が刊行した *Vocabulario da Lingua Iapam* には Cauaij という項目があり、[11]「同情、憐憫の情を催させる（もの）、あるいは同情の念を抱く（こと）」と説明されている。思うにすでにこの時点で、今日の「かわいい」の原型となる意味が確定していたものと推測できる。江戸期におけるいくつかの派生語とその用例を見ておこう。「可愛さ余って憎さが百倍」とは誰もが知っている歌舞伎の名文句だが、愛情の念が強かった分だけ、それが裏切られた後の憎しみにも激しいものがあるという意味である。「かはゆし」から派生して「かはゆらし」なる新語が登場したのも、この時代であった。『好色一代女』には「在郷人にはつやのある若衆人、しかもかはゆらしき風俗して」とあり、これは現在の「かわいらしい」にそのまま直結する表現となっている。「かわいい」に対して「かわいらしい」は、若干ではあるが心理的な距離のある、婉曲化された表現であるのだが、その微妙さが西鶴においてすでに峻別されているのである。また「かはゆい」の語幹に接尾語「がる」を付けて、「かはいがる」なる語が広く用いられるようになった。「己《うぬ》が児《がき》ばっかり可愛がりゃァがって、他《ひと》の子はくたばろうと搆《かま》ね《は》へ」という『浮世風呂』の一節は、「かはいがる」が情感をもって優しく大事に取り扱うという現在の意味と変わるところがない。

「かはゆい」が口語体で「かはいい」となった近代に入ると、いろいろと興味深い例が出現する。口語体小説の礎を築いたといわれる二葉亭四迷の『平凡』には、「父は馬鹿だと言うけれど、馬鹿げて見える程無邪気なのが私は可愛ゆい」[12]という一節があり、老人に対してこの形容詞を用いる習慣がけっして現代のものではなく、明治時代にすでに行なわれていたことがわかる。父親のなかにある、無邪気さ、子供っぽさ、「馬鹿」さを「可愛ゆい」と呼ぶことで二葉亭が伝えようとしているのは、父親への情愛である。

萩原朔太郎の『月に吠える』には「蛙が殺された、／子供がまるくなって手をあげた、／みんないっしょに、／かはゆらしい、／血だらけの手をあげた、[13]」というグロテスクな詩行がある。この場合の「かはゆらしい」は、無垢にして小さく、脆弱なという意味である。朔太郎は子供につねに与えられてきたこの形容詞を逆手にとって、彼らが無垢ゆえに抱いている残酷さを活写してみたかったのだろう。

ここで本章の冒頭に引用した太宰治の『女生徒』に戻ってみることにする。少女の独白で通したこの短編が、今日の「かわいい」サブカルチャーの遥かなる先駆者であることは、すでに理解していただけると思う。「きょうは頬紅も、つけないのに、こんなに頬がぱっと赤くて、それに、唇も小さく赤く光って、可愛い。」太宰が無意識のうちに「かわいい」の語源にある「かほ・はゆし」に回帰して、語りを紡ぎたてていることを、本稿の読者は気がつかれたことだろう。この読点を多用した、どこまでも舌足らずの口調で続く小生意気な独白は、それ自体が「かわいい」の見本であるように思われる。

もうここらで列挙は終えることにしよう。「かわいい」文化は何も現在のサブカルチャーに限定されたものではなかったことを、確認しておけばいい。「かわいい」の源流は、十一世紀初頭の『枕草子』にまで遡ることができ、それが江戸期の歌舞伎や大衆小説を経て、太宰治のような作家にまで、一筋の糸として流れてきたことを見て取っておくことで充分だ。小さなもの、脆弱なもの、他者の庇護を必要とするものに対する情感は、やがて自己言及して媚態を生み、しだいに独自の美学へと洗練されていく。二十世紀の後半にそれは消費社会の回路のなかで、巨大な産業にまで発展してゆくことになるのだが、その根底となる美学は、近代文学にみごとに痕跡を遺している。川端康成や谷崎潤一郎といった小説家までを考慮するならば、「かわいい」から読み解く近代文学史というものは、意外と面白く構想が可能なものではないだろうか。

†外国語に「かわいい」はあるか

さて、これまで「かわいい」という形容詞が日本語のなかでどのような変遷を遂げてきたかについて、簡単に追跡を行なってみた。ここで発想を時間軸から空間軸に切り替え、それでは諸外国で「かわいい」に相当する単語にどのようなものがあるかを考えてみよう。といっても世界のすべての言語を網羅するわけにはいかない。とりあえずわたしがこれまで接する機会のあった言語にかぎられてしまうのだが、お許し願いたいと思う。

まず英語。「かわいい」を英語に翻訳するときには、普通は cute か pretty を用いる。「美しい」はまあ beautiful、愛情に満ちた感じを出すためには lovely、キチンとしている感じなら handsome くらいを使っておけばいいだろう。ちなみに映画研究家のドナルド・リチーは、neat か cool がふさわしいとしている。(14)

cute というのは日本語でも『キューティーハニー』という永井豪の漫画があるから、誰でも知っているだろう。第1章でも触れておいたが、二〇〇四年にハーヴァード大学の東アジア研究の若手学者たちが集まって、「かわいい」現象を論じるシンポジウムが開催されたという知らせを耳にしたことがあった。このとき用いられていたのが、CUTISM という単語だった。まだ英語としては耳に馴染まない新語であるが、これは便利な言葉だと感心した記憶がある。

cute の語源は「鋭い」という意味の acute であり、それはラテン語の acutus に遡る。先が尖っているとか、才智と機知に長けて抜け目がないといった意味の言葉である。たとえば、英語の acute は十四世紀末にはすでに、病状が急性である場合に用いられていた。(15) 十六世紀には、先が尖っているとか、明敏であるという意味の用例が登場している。cute が登場するのは十八世紀になってからで、最初は「利口な、気が利いた」という意味あいであった。子供や小動物などに cute が「かわいい」という意味で適用されるようになったのは、十九世紀になってからのことに過ぎない。

pretty の場合はさらに曖昧である。古代英語の praettig が中世に prati, pretti となり、近代にいたって今の形をとるにいたったというが、かいつまんでいうなら、本来が「ずるい」という意味であったのが、時代を経るごとに「利口な」→「巧みな」→「立派な」→「心地よい」→「かわいい」という手順で、意味がズレていった。この英語の二つの単語の例を見てわかることは、いずれもが「顔がほてる、キマリが悪い」といった意味合いの「かほ・はゆし」に基づく、日本語の「かわいい」とは、まったく異なった語学的発展を体験してきたことだ。便宜上、「かわいい」を cute と訳すことは出来ても、実はその背後にある文化的背景と経緯はまったく対照的である。そのためどこかで cute と対応しきれない「かわいい」が出現してしまうことになる。日本語の「かわいい」に知的聡明さの含みはない。「かわいい」は「はすっこい」とは、本来相容れないものだからだ。要するに単語のもっている文化的射程が、一見表面的に似通った意味をもつ単語の場合にあっても、違っているのであって、それは「かわいい」のもつ微妙な陰影が、容易に普遍的に翻訳されることを許さない、日本文化に帰属したものであることを、優れて意味している。

イタリア語では「かわいい」は普通、caro とか carino（以下、すべて男性形に統一）とかに翻訳する。これに対して「美しい」は、bello である。caro は「かわいくて親しげな」であると同時に「高い、高級な」という意味を含みもっている。それと対照的に carino は「親しい」けれどもいささか「安っぽい」という意味の陰影があることは、否めない。市場の露店で売っているワンピースには使えても、日本人の女の子がミラノのブティックで買い漁るブランドもののグッズは、間違っても carino ではないだろう。ちなみにデンマーク出身の女優アンナ・カリーナは芸名で、発音だけからすればその苗字は「かわいい女」という意味になる。一九六〇年代のゴダール映画に登場して、スーパーマーケットに吊るされていた安服を着て飛び回っていたカリーナは、まさしくその姓にふさわしい魅力を全身から放っていた。

蛇足ながら付記しておくと、イタリア語には接小辞とでもいうべき習慣があって、名詞や形容詞の語尾に ino をつけておくと、途端に「小さくてかわいらしい」という意味が付加されることになる。たとえば piatto は皿だが、piattino は「かわいらしい小皿」であり、nino といえば「かわいい子」である。あるいは日本語でいう「～ちゃん」という感じといってもいい。その逆に何でも one を語尾につけると、「大きくて乱暴な」といった意味の含みが生じる。Marco は人名だが、「大マルコ」と強調したいときは Marcone となる。

フランス語では残念ながら、「美しい」は一般的に beau であるが、「かわいい」に一言で対応している単語はない。子供の顔をそう呼ぶ場合には gentil だが、この言葉はさらに多くの別の意味合いでも用いられている。ただ小さいばあいには petit。これは『星の王子さま』という小説の原題が Le Petit Prince であることからも、理解できるだろう。charmant はより魅力に溢れている場合。mignon は小さくて愛らしいが、日本語の「かわいい」よりもずっと範囲が狭い印象がある。いずれにせよ一言の決め手がないことが逆に、フランス文化のなかに「かわいい」神話が美学的イデオロギーとして定立されてこなかったことを物語っている。

わたしが二〇〇四年に滞在したセルビア・モンテネグロでも、セルボ・クロアチア語で端的に日本語の「かわいい」と対応するだけの力と守備範囲をもった形容詞は見つからなかった。甘くてかわいいという場合は sladak、キスをしたくなるような愛くるしさの場合は ljubak、儀礼的に「親愛なる」と記したい場合は drag（ドラガナという名前の女性がいたるところにいる）、それにいささか気軽な用法だが fansi というのもある。だがそのいずれにしても、日本語でいう、小さく弱々しいので守ってあげたい気持ちにさせてしまう「かわいさ」といった意味からはほど遠い。フランスと同様に、そうした美学を育んでこなかったことが、そこからも推測できる。

では印欧語族に属していない、その他の外国語ではどうだろうか。

現代ヘブライ語では、חמוד（ハムードゥ）がもっとも「かわいい」に近い。願望、優美、要求といった意味の名詞 חמדה（ハムダー）の形容詞である。ハムドゥーは「美しい」を意味する יפה ヤッフェと対立していて、女性にむかってハムダーを連発すると、馬鹿にされていると勘違いされる。その場合はヤッフェの女性形ヤッファを用いるのが適当だろう。だがそこには、やはり小さくて希少なという意味の含みはない。

中国語（北京官話）では、「可愛」（クーアイ）が一般的に用いられる。「好玩」（ハオワン）という単語もあるが、これはもっぱら手で持ち運びのできるほどの小さな骨董などに用いられる。子供や動物のように元気よく活動しているものを指す場合には、まず「可

愛」を使うのが普通である。これに対して「美しい」に相当するのが「漂亮」(ピャオリャン)と「美麗」(メイリー)である。もっとも二〇〇五年に香港ディズニーランドがオープンして以来、中国では「咔哇伊」と書いて「かわいい」と読ませることが流行となった。最後に韓国語では「かわいい」が귀엽다(キョプタ)、「美しい」が아름답다(アルンダプタ)である。だが中国語でも韓国語でも、日本語で「かわいい温泉」とか「かわいいお爺ちゃん」という風に「可愛的温泉」とか「キヨップン・ノイン」といえば、文法的には誤ってこそいないが、やはり相当に奇異で不自然な印象を与えることだろう。老人を「かわいい」といえるのは、儒教道徳を忘れ果てた日本の特殊事情かもしれない。

以上、南方熊楠先生の顰《ひそみ》に倣って、諸外国で「かわいい」「美しい」がどのように表現されているかを眺めてみた。ここで興味深いのは、いずれの言語においても、「かわいい」に相当する単語にはつねにいくぶんかの軽蔑的で否定的な含みが漂っていることであり、それは「美しい」に対応する単語を横に置いてみたときに、より明確に理解される。イタリアでも、アメリカでも、韓国でも、女性は「美しい」と呼ばれることに賛意を示すのであって、「かわいい」ではいつまでも子供扱いされているという不満、不充足感を抱くものだという意見を、わたしは機会あるたびに耳にしてきた。

日本では、一般的に事態はそのようではない。男性が女性に面とむかって「美しい」といったら、おそらくいわれた相手は噴出《ふき》してしまうか、冗談だと思って本気にしないだろう。しかしもしこの男性が「きみはかわいい」といったら、相手の女性はその言葉を真意として受け止めるだろう。もちろん例外はいくらでもあるはずだが、こうした比較が告げているのは、「美しい」という単語が、現在の日本語のなかでそれほどこなれていないという事実である。この「美しい」と「かわいい」の対立と闘争については、第4章でより丹念に検討してみたいと思う。

第３章
大学生の「かわいい」

†「かわいい」アンケートをとる

前章では「かわいい」という言葉の歴史的変遷と、それが外国語にうまく対応する言葉を見つけられないという事実を論じてみた。それでは現在、この言葉はどのように用いられているのだろうか。以下数章にわたって、それを論じてみたい。まず本章では、現代の大学生が、実際の日常生活の場にあって、「かわいい」をめぐってどのようなイメージをもっているかを、アンケートを通して分析してみよう。そして第7章では、それとは逆の側、すなわちメディアの側が「かわいい」にどのようなステレオタイプの映像を与え、消費社会のなかで記号として流通させているか、その一面を覗いてみることにしたいと思う。

この本を執筆するにあたって、わたしは勤務先の明治学院大学と、以前に講演に赴いたことのある秋田大学一年生から四年生の二四五人に、「かわいい」をめぐるアンケートを行なってみた。年齢は十八歳から二十三歳まで。男女の内訳をいうと、男子八九名と女子一五六名である。どうしてこの二つの大学を選んだかというと、前者は湘南と港区という、メディアが恒常的に流行を煽り立てている地域にある私立大学であり、後者が九〇％近い大学生が地元の県出身という地方の国立大学であって、対照的な環境にあると考えたためだった。

質問は次のようなものである。

問1 あなたが今もっているもの、身のまわりにあるもので、「かわいい」と呼べるものをいくつかあげてください。
問2 あなたは過去に「かわいい」と呼ばれたことがありますか。それはどのような状況のあなただったのでしょうか。
問3 あなたは「かわいい」と人から呼ばれたいと思いますか。もしそうなら理由を教えてください。
問4 「かわいい」の反対語は何だと思いますか。
問5 「かわいい」と「美しい」は、どこが違うと思いますか。
問6 「きもかわ」とは何でしょうか。説明してください。
問7 最後に「かわいい」についていい残したことを、自由に書いてください。

結果はなかなか興味深いものであった。多くの学生は面白がって積極的に回答を寄せてくれた。問4、問5、問6についてはまた別の章で論じることにして、本章では問1、問2、問3、問7の回答のなかから印象深いものを取り上げてみることにしたい。

†今どきの「かわいい」

問1については、まず男女で回答する姿勢に大きな差が見られた。ペット、写真、キャラクター商品、文房具、生活用品、家族や周囲の人間、タレント（有名人）といった風に、取り上げられる対象の範疇はほぼ重なっていたが、それを語るさいのスタイルに、ジェンダーの差異が反映されているのである。

一般的に女子は一人で四つも五つも、あるいはそれ以上にたくさんの項目をあげ、それに細かな描写や説明を施したり、イラストを添えるものが目立った。自分が所有しているブランドものについてフェティッシュに語るときには、嬉々とした感情が走っているのが見て取れた。予想していたことではあったが、明治学院大学と秋田大学を比べると、ブランドものを回答する率は前者に圧倒的に多く、いかに東京の女子大生が消費社会のなかで商品流通に深く関わりながら、自分の「かわいい」観を構築してきているかが如実にわかった。都心の大学生の方が地方の大学生と比べて、より「かわいい」商品の情報に依存し、ピア（近隣）集団を意識しつつ、「かわいい」を実践しているというわけである。この十年ほどの間に明治学院大学のわたしの教室からは、街角でスカウトされて以来『オリーブ』にしばしば顔を見せるようになった学生や、『ビューティ・ヘア』の表紙を飾ったよ

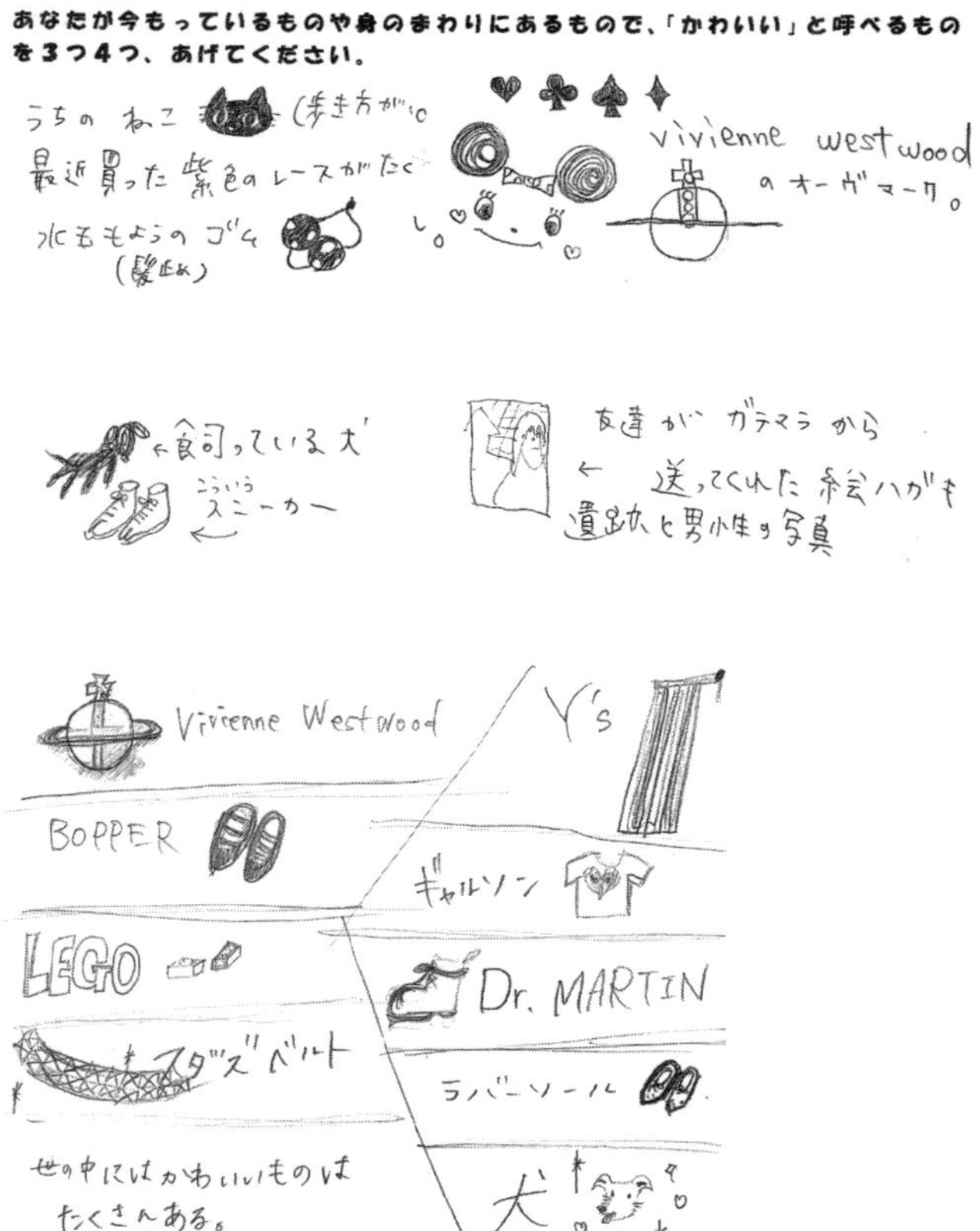

図3 アンケートに描き込まれたイラスト

わたしの学生たちは、「かわいい」アンケートに積極的に回答してくれた。もっともイラストを描いてきたのは女子ばかりで、男子は皆無だった。

うな学生がときおり出現していたが、彼女たちをして切磋琢磨させる環境がそこには整っていたのかもしれない。

ともあれ身近にある「かわいい」の例をいくつか、原文のままあげよう。

「実家で飼っている、生後半年くらいの犬の「りく」」「幼い頃の写真」「UFOキャッチャーでとったキャラクターのぬいぐるみ」「家のベッドの横にある、やる気のなさそうな口が開きっぱなしのぬいぐるみ。目がかわいい」「ディズニーグッズ。ドラえもんグッズ。ソラックス。リラックマ」「かえるのシャーペン（宝物）」「最近買った紫色のレースがたくさんついたキャミソール」「今着ているグラニフのTシャツ。ジムトンプソンのバッグ」「Vivienne Westwood の傘と財布」「ピンクのバッグと手帳。セットで持つとかわいいと思う（元から持っていたバッグと人からもらった手帳だったけど、色とステッチがそっくりだったので）」「後輩（「もの」じゃないですね。でもかわいいんです。顔も性格も）」「自分の妹!!六才下で、本当にかわいい!!!」「日なたぼっこするおばあちゃん」「ドラマ「あいくるしい」の子役の神木隆之介君」「ルーピン先生（ちょっとくたびれた感じのおちゃめな三十代の男性。ハリーポッターの）」

では男子はどうだろうか。彼らが「かわいい」と思う例とは、たとえば次のようなものである。

「犬」「動物」「ぬいぐるみ」「アメリカのフィギュア」「トトロのストラップ」「ボールペン」「長くはいてるジーンズ」「枕」「ライター」「三才くらいまでの子供」「鈴木亜美」「親せきの赤ん坊」「クツ」「彼女の声」「リリー・フランキー」。

女子の饒舌に比べて、男子の回答は全体的に項目が少なく、簡潔な回答が目立った。愛犬について語るにも、女子のように犬の形状や愛称、品種、特徴を細かく記すというのではなく、単に「犬」とだけしか答えない者も多かった。とりわけ秋田大学では、無回答が目立った。

ただ男子の回答で、おやっと思ったのは、「寒い時の自分の性器」とだけ書いてきた者がひとりいたことだった。同じように自分の身体について、それを「かわいい」の対象と見なす例が女子にもあるかどうかを確かめてみたが、一五六名の回答には、性器や乳房はもちろんのこと、目や口についてすらいかなる言及もなかった。およそ自分の身体に関わるものでは、「幼い頃の写真」と記した者が一名いるだけだった。わたしが大学で日常的に観察するかぎり、彼女たちは化粧とファッションに気を配り、神経質なまでに日焼けを怖れているという印象があった。だが無記名のアンケートであるにもかかわらず、みずからの身体を「かわいい」の範疇に含めていると答える女子がいなかったことは、気になった。

†「かわいい」と呼ばれたことがありますか？

わたしが抱いた疑問は、問2の回答を知るにいたって、より明確となった。あなたは過去に「かわいい」と呼ばれたことがありますか、という質問に対しても、男女で答え方に大きな差が認められた。

十八歳という年齢だけにかぎっていうと、明治学院大学では男子学生のほとんどが、何らかの機会に「かわいい」と呼ばれた体験をもっていたが、秋田大学ではその率は三分の一であり、それも幼少時の体験が大半であった。とはいうものの、いずれにも共通しているることがあった。おおむね男子は、呼ばれた体験が稀であったとしても、その時の状況を細かく説明する傾向をもっていた。それは、彼らが自分の所有物や周囲にある「かわいい」ものを語るさいの訥弁《とつべん》とは対照的であり、「かわいい」と人から呼ばれることに男子がいかに居心地の悪い思いをし、それに拘泥しているかを物語っている。具体的に彼らの声を聞いてみよう。

「髪を女の子みたいにしてたら、クラスの女の子から「かわいい」と言われた」「中学校の部活に入部したての頃、一人だけジャージのファスナーを上まで閉めていたら、男の先輩に」「高校生のとき、英会話教室の会話練習でペアを組んだ年上の女性に。その人が着ていた上着について聞こうと思っていたときに、それがジャンパーなのかコートなのかよくわからなくて、思わず聞くと、なぜか「かわいい」と言われ、それ以来「かわいい」とずっと言われるようになった」「物事を間違えて、思わず「テヘ」と言ってしまった時」「ポッキーを食べている自分は、自分でも「かわいい」と思う」「子供のころは何かするだけで言われた」「彼女の母性本能をくすぐった時。パスタを食べていて、僕の指にソースがつき、彼女がそれをなめてくれて、僕がすかさずその指をなめ返した時」

基本となるのは、髪形と服装の変化、突然の失敗、年長の女性との交渉、それに幼少時である。

では女子はどうだろうか。同じく十八歳だけにかぎって回答を見てみることにしよう。「はじめて制服やユカタを着た時」「ライブに出て、みんなと同じ衣装でステージに上がった時」「ガラにもないことをして、恥かしかった時」「普段は口が悪いのに、好きな人の話になると赤くなる時」「方言丸出しでしゃべった時」「団子の髪と身長が小さいので、ムーミン谷のミーみたいで「かわいい」と言われた（イラスト付き）」「背が低かったので」「年上ばかりのところで「早く十八才になりたい‼」と言った時、「かわいいな〜」と言われた」「気に入られたくて愛想をふりまいた時」「プリクラを撮って写りがよかった時」「昔の彼氏に付き合った最初の頃だけ、会うごとに言われた」「本気でミスをした時。でもブリッ子といっしょにされて、すごく不愉快」

女子においても男子同様、髪形と服装の変化、幼少時、突然の失敗、異性との交渉が、「かわいい」と呼ばれた契機となっていることが多い。ただ他に身体の小ささと、意識的に「かわいい」を演じた結果という要素が付け加えられている。

突然の失敗が「かわいい」発言を招くという指摘が語っているのは、この言葉が事態を収拾し、当事者を保護するといった、ある意味での補償作用をもっていることを示している。失敗をする女の子は、一分の隙も見せない女の子よりもかわいいと考えられている。彼女は「かわいい」と名付けられることで、危機を無事に回避することに成功する。ところで最後の例に見られるように、意図的に「かわいい」を演じる幼げな媚態と周囲から誤解されてしまったときの屈辱というものは、男子の回答には皆無であった。女子はその「かわいい」仕草を、二重にも三重にも重なり合った、周囲との関係の緊張性のなかで賞賛されたかと思うと、状況しだいでは非難されたりもするのだ。

ここで見落としてはならないのは、女子の説明が総じて男子よりも短く、あらかじめ要領よく纏《まと》められているという点だ。これは男子が「かわいい」と呼ばれた体験をいまだにどう理解し受容していいのかわからず、体験そのものを纏まりのないままに提示しようとするのに対して、女子が体験を繰り返し咀嚼し、論理的に納得のいくものにまで変容させてきていることを示している。同じ状況を反復的に体験してきたことも、それに与っている。そのせいもあって、女子の回答には男子よりも類型性が強く、それは彼女たちが問1で、自分の周囲にある「かわいい」ものを指摘するさいに見せた、フェティッシュな細部への拘《こだわ》りとは対照的である。

問2の回答を纏めてみて判明したのは、十八歳から二十三歳までの女子のなかで、これまで一度として「かわいい」と呼ばれたことがないと回答してきた者が、一〇%強存在していたことだ。わたしがこの事実を同年齢の知人友人に話すと、男性女性の区別なく一瞬だが驚き、暗い表情を見せた。男性のなかには、「よし、これからは「かわいい」の安売りをして、ちょっとでも「かわいい」ところがあったら、すかさずそれをいうことにしよう」と豪快に宣言する者もいた。だが女性の場合には「若いときに「かわいい」と呼ばれなかったら、中年になってどうやって生きていけるのでしょう」と、真面目に同情する者もいた。いずれもが、この一〇%を不幸で同情すべき女性だと暗黙のうちに見なすことで、共通していた。

わたしもまたこの数字に衝撃を受けた。わたしがキャンパスで日常に見かけている女子大生のうち、一度も「かわいい」といわれたことがない人間がそれほど多くいるなんて！彼女たちはあれほどにお洒落に熱中し、流行のバッグとシューズを穿きこなし、構内を闊歩しているではないか。だが、それでは彼女たちは「かわいい」と呼ばれれば、それで幸福になれるのか。問題は解決するのか。実は問題はそんなところにはない。今日の社会にあって「かわいい」という単語が担っているイデオロギーの構造を見極めなければいけないと、改めて思ったのは、このときである。

†「かわいい」と呼ばれたくない気持ち

ここで問3が大きく意味をもってくる。あなたは「かわいい」と呼ばれたいと思いますか、という質問である。

結果だけを先にいうと、男子では「呼ばれたい」が二六%、「呼ばれたくない」が六二%であった。いずれにも回答せずが一二%である。それに比べて女子は「呼ばれたい」が圧倒的に多く、六八%であって、「呼ばれたくない」は二〇%にすぎない。曖昧な立場は二%であった。男子においてどっちつかずの回答が多いのは、この質問に対する当惑を示している。女子にそれが少ないのは、この問いをわが事として考えることがかならずしも初めてでなかったことを表している。細かく数字を掲げることは省略するが、十八歳からはじまるこのアンケートでは、「かわいい」と呼ばれたい率がもっとも高いのは男女ともに十八歳（男子一五%、女子七八%）であり、年齢が増えるにつれてその数字が下がってくる。二十歳で「呼ばれたい」は、男子ではわずかに七％、女子は六三％にまで低下する。ところがこの数字はそれ以後、ふたたび上昇しだし、二十二歳では男子の五〇％が、女子のほとんど一〇〇％が「かわいい」と呼ばれたいと答えている。おそらく十八歳未満の高校生を対象にすれば、女子の「呼ばれたい」率はさらに高いことが判明したことだろう。いずれにしても二十歳という谷間の時期が、中学高校時代から延々と保ち続けてきた「かわいい」イデオロギーに対する懐疑と反撥が強くなる時期であることは、男女ともに間違いがない。この時期を過ぎると、ふたたび「かわいい」と呼ばれたい方の意識が強くなり、反撥が緩和されて、この言葉を醒めた気持ちで受け入れる向きが出てくることになる。イザベル・アジャーニが主演したフィルムに『可愛いだけじゃダメかしら』（フィロメーヌ・エスポジト監督、一九九三）というフランス映画があった。このとき彼女はすでに四十歳近かったわけだが、配給会社がこのような題名を付けたのには、皮肉というよりも、中年にさしかかろうとしている女性の焦燥と懐疑の念を込めたかったのかもしれない。

では、「かわいい」と呼ばれたい、呼ばれたくない、双方の側の気持ちを聞いてみよう。

男子の場合「かわいい」と呼ばれたいのは、「いつまでも少年の心を持ち続けたいから」「相手が自分のことを気に入ってくれているのだから、やはり年上（特に女性）から言われたい」「安心して本来の自分を出せるから」とされる。なかには「自分と真逆さまのイメージであるから」という、ヒネた回答もあった。「呼ばれてもいい、くらい」という、奇妙に醒めた回答が何人かに見られたことも報告しておきたい。

呼ばれたくないのは、「パッと見ても、自分がかわいくないと思うから」という真正直(?)な意見もあったが、やはり大多数を占めていたのは、「「かわいい」より「カッコい い」と呼ばれたいから」「年上からからかわれ、男として見られていないような気がするから」という声である。要するに「かわいい」とは女子に向かってもっぱら適用する形容であって、男子としての理想像に抵触するために忌避されるべきだとする立場である。「今は呼ばれたくないが、おじさんになったら呼ばれたい」という、妙に人生に達観したような記述もあった。だがこの声は、二十二歳以上の男女にとって、「かわいい」と呼ばれることを受け入れる率が急増していることと、どこかで繋がっているように思われる。

集められた回答の束を捲《めく》っているうちに思い出されてきたのは、わたしがまだ高校生のころの一九六〇年代の思い出である。東京都内の男子校で中学高校を過ごしたわたしの周囲では、「かわいい」というのはまだ幼稚で大人の（とりわけ性的な）世界を知らないという意味の含みをもち、あきらかに軽蔑的なニュアンスのもとに用いられていた言葉だった。わたしの級友の一人は（現在は某女子大学で教員をしているのだが）生まれついての童顔がわざわいして、「コドモ」とか「カワイイ」という綽名《あだな》を付けられてしまい、そのたびに屈辱的な表情をしていた。おそらくこうした男子の微妙な気恥ずかしさ、決まりの悪さをもっとも心憎く表現しているのは、QBBの『中学生日記』という漫画である。

「かわいい」と呼ばれたい女子の理由は、大体のところが次の通りである。

「呼ばれると、その日一日、自分はかわいいのかな？　と思って、うれしくなるから」「そう呼ばれるだけで、自分自身に自信がもてるから」「幸せになれると思うから。本当にかわいくなりたいと思っているから」「女として認められた気がする。女のなかで自分のレベルを確認できるから」「人前にためらわずに出ていられると思うから」「女の子の最高のほめ言葉だから」「すごく愛されているイメージがするから」「まわりを元気にしてくれる、プラスで明るいイメージだから」

いずれもが、「かわいい」という言葉の価値を肯定し、自分がそれを通して幸福を保証されたり、自分の居場所を自信をもって保ちうるという考えに基づいている。「そう呼ばれると照れる。モジモジオロオロハアハア……！となってしまう」という声もあった。これなどは第2章で論じた「かわいい」の原型「かほ・はゆし」を、偶然にも正確に再現しているわけで、思わずその表現の真摯さに感動に近い気持ちを感じてしまった。一方で、この呼称を受けることが女性としての人生を切り開いてくれるはずだという醒めた打算も、そこに込められていることを忘れてはならない。「かわいくないと、いいことがないから」

「かわいい方がいろいろ得するし、自分でもいろいろ楽しめるから」といった類の回答である。

女子が「かわいい」と呼ばれたくない原因の大多数は、「もう大学生です。「かわいい」よりも「きれい」とか「カッコいい」と呼ばれたいから」「自分をかわいいと思っていないから」「もう「かわいい」と呼ばれる年ではないから」といった風に、年齢を経るに応じてこの言葉と自己認識との間のズレに自覚的になっていくことである。だが同時に、「かわいい」という言葉の否定的な側面にも自覚的なあまりに、それを嫌悪するという傾向があることを忘れてはならない。「自分が下に見られているような気がするから」「ほめられているのか、馬鹿にされているのかが、わからないから」「何となく馬鹿というイメージがあるから」「自分の世話を必要とするモノ(ヒト)を「かわいい」と呼んでいるだけと思うから」「「かわいい」があまりに連発されていて、無意味な挨拶になってしまっているから」という声は、アンケートの全体からみるときわめて少数派ではあるが、回答者が漠然とであるが問題の本質に向き合っていることを示している。

†男女で異なる「かわいい」観

三つの問いをめぐる男子女子の回答を見てきたが、全体を通していえることは、ジェンダーによって「かわいい」についての観念や態度決定に大きな違いがあるという事実である。

一概にいって、男子は女子ほどに「かわいい」について真剣に、自分のアイデンティティの問題として考えていない。彼らは「かわいい」と呼ばれることに当惑し、とりわけ女子からそう呼ばれることに強い抵抗を感じている。「かわいい」は男としての自己認識を攪拌《かくはん》させ混乱させる言葉であり、思考の枠の外側に置かれている観念である。

それに対して女子は、「かわいい」という語を受け入れるにせよ、それに反撥を示すにせよ、一貫してヴァルネラビリティ（攻撃誘発性、やられやすさ）に満ちた態度を示している。彼女たちの過半数は「かわいい」と呼ばれたいと思い、この言葉を通して幸福な自己肯定に到達できると信じているが、自分を「かわいい」とは思っていない。ある女子たちは、社会のなかで女性としての「かわいい」媚態を戦略とすることが自分に有利に働くことに、充分に気付いている。男子の大半は年齢と自分の身体に無頓着であるが、女子のかなりの部分は、年齢に強い焦燥感を感じており、若さと成熟の狭間にあって、「かわいい」という言葉を過敏に受け止めている。これまでの人生で一度も「かわいい」と呼ばれたことがないと答えた者が一〇％強、存在していることにも、気を留めなければならない。おそらく同年齢の男子には、そのような懸念はほとんど存在していないことが推測される。

彼らは隣人である女子を「かわいい」「かわいくない」という二分法で裁断することはできても、彼女たちがこの言葉ゆえにいかに自己認識の困難に陥っているかを想像することができない。とはいうものの二十歳とは、こうした「かわいい」をめぐる反撥と疑念が、男女を問わずもっとも頂点に達する年齢である。この時期をすぎると、男子も女子も「かわいい」に対していくぶん達観した態度をとるようになり、ふたたびこの言葉を受け入れようとする傾向が出てくる。

†「かわいい」は政治の言葉

最後に問7について記しておこう。「かわいい」についていい残したことを自由に書いてほしいという項目である。実はこのアンケートはここに到達するための六つの問いが前奏のようなもので、それらを通して質問にリラックスしてもらい、当方の意図を理解してもらったうえで自由に考えを述べてもらいたいというのが、本来の目的であった。その意図はどうやら理解されたようで、本書を書き進めていく上で興味深い意見が、この最後の回答欄には少なからず寄せられた。なかには思いつくままにイラストや漫画を付けてくれた者もいる。いくつかを紹介しておきたい。

男女を問わず、まず指摘されていたのは、「かわいい」という言葉がインフレ状態に陥ってしまい、本来の意味機能を喪失しているという事態への批判と警告だった。「友達と話していると、単に「いいと思う」という意味で「かわいい」が連発されていることが多い」「「かわいい」しか口にしない人は表現力に欠けている人に思える」「何を見ても、「きゃー、かわいいー♡」ってリアクションする人は、実際は何も考えていない」。こうした現象に対して、「今は「かわいい」と言っておけばとりあえず安心という雰囲気がある。「かわいい」カテゴリーを広く取り、自分もそのなかで安心する感じだ」という分析的意見も寄せられている。

「かわいい」という言葉が携えている政治性、権力性については、次のような意見が寄せられた。「「かわいい」とは少し馬鹿にして手玉にとってやったという感じ。この人は手の平で扱えると思っている傲慢があると思います」「「かわいい」と呼ばれたい人は基本的にM（註、マゾヒスト）。「かわいい」の語を人に対して使いたくなった時は、やはりその人を支配したい時」こうした女子の発言に見合うかのように、ある男子はこう書き記している。「（女の子に）上目づかいで見られると、ゾクゾクして「かわいい」と思う」

この「上目づかい」はアイドル写真に一般的な演出上の修辞でもあるが、見つめられる男子よりも見つめる女子の身長が低いということが前提とされており、ここに眼差しの政治学を認めることができる。

もっとも男子にしても、女子にしても、その多様な「かわいい」観を統一的に捉えることは困難であり、いやむしろ無意味に近いかもしれない。一方に「男友達から、私は何でも「可愛い」という感想だけだねと言われた。でも「かわいい」以外に何て表現していいのか、わからない。だってかうぁいんだもん」という信条告白があり、もう一方に「一人で生きてゆく女は、顔がすっごくかわいい系でも、「かわあいい」とは称されません」という決意表明がある。「かわいい」の尺度や基準が人によってまちまちなので、自分が「かわいい」と思うものが他人にはそう思えないときに傷ついてしまうという戸惑いがあるとともに、「かわいい」ものを身に着けることは自分を精神的にいい方向に向けてくれ、外見だけではなく内面にもパワーを与えてくれるはずだという、文化人類学におけるマナに似た、魔術的な力への帰依が語られたかと思うと、「高校時代には「かわいい」と言っておけばなんでもがすむという関係が嫌で、私は誰にも「かわいい」という言葉を与えなかった」という告白もある。

アンケートの回答をすべて読み終えて感じたのは、現在の大学生が「かわいい」という言葉に対して抱いている複雑な両義性であった。彼(女)は「かわいい」という言葉がもつ魔術的な牽引力に魅惑されながらも、同時にそれに反撥や嫌悪をも感じている。「かわいい」ものに取り囲まれている日常を送りながらも、この言葉が意味もなく万事において濫用されていることに不快感を感じている。自分を「かわいい」とは思えないにもかかわらず、人から「かわいい」と呼ばれたいと思い、また不用意に「かわいい」と呼ばれることに当惑と不快感を感じもしている。

こうした両義性は、「かわいい」が今日の社会に横たわっている巨大な神話であることを証立てている。わたしがここで「神話」と呼んでいるのは、ケレニーやレヴィ＝ストロースがいっている意味での、世界の秩序付けの物語原理という意味ではない。そうではなく、若き日のロラン・バルトが『現代社会の神話(16)』のなかで定義したように、不自然な虚構であるものを自然で非歴史的なものに見せかける、意味論的なトリックであるという意味においてである。第7章ではこの「かわいい」が、女子大生を含む多くの女性を購買層とするメディア、すなわち女性雑誌のなかで、どのように神話化されているかを、その修辞の側面から分析してみたいと思う。

第４章

美とグロテスクの狭間に

前章では学生たちが「かわいい」という言葉をめぐってどのように個人的な体験をもち、それをどう考えているかについて考えてみた。それでは具体的に「かわいい」の本質を作り上げているものは、何なのだろうか。ここでしばらくそのいくつかの構成要素を取り出し、分析を試みてみよう。第4章では美とグロテスクとの関係、第5章では小ささとなつかしさとの関係、第6章では成熟、完成との関係を論じることにしてみたい。

†「かわいい」の逆説

「かわいい」は一般的には「美しい」の隣人であり、「醜い」とは正反対の言葉であると考えられている。だが具体的に「かわいい」と呼ばれているものを手にとってみると、それが「美しい」とはまったく異なった、むしろ対立する雰囲気を携えていることが、しばしば判明する。またひどく醜く気味が悪いものが、角度を変えて眺めてみると「かわいい」対象として認知されるという例も、枚挙に事欠かない。「かわいい」「美しい」「醜い」という三つの形容詞が織りなす関係は、外側で考えている以上に複雑であり、両義的なのである。学生の一人が次のようにいっている言葉に、わたしはあるとき感動した。「「かわいい」ものが増えてくると、「かわいい」と呼ばれないものがかわいそうに思えてきて、つい「かわいい」と思っちゃうんです」。

本章では、第3章で試みたアンケートのうち、まだ分析を手付かずにしておいた三つの質問を手がかりにこの間の事情に探求のメスを伸ばし、より抽象的で一般的な問題へと移行してみようと思う。わたしが試みた問4、5、6とは、次のようなものであった。

問4「かわいい」の反対語は何だと思いますか。
問5「かわいい」と「美しい」とは、どこが違うと思いますか。
問6「きもかわ」とは何でしょうか。説明してください。

問4を設定するには意図があった。いきなり直接に「かわいい」とは何ですかと尋ねたとしても、はかばかしい回答は得られないだろうと踏んだのである。むしろ何が「かわいい」と対立しているかを考えた方が、逆説的に「かわいい」の映像を浮かび上がらせるのには好都合ではないか。結果として得られた回答を、四つの主だった系列に分類して示してみよう。

A　同語反復的なもの
B　「美しい」などの肯定的形容詞

C　「醜い」「気持ちが悪い」などの否定的形容詞
D　感覚的不在・希薄さの形容詞

Aを構成しているのは「かわいくない」の一点だけである。二四五枚のアンケートのうち、五五枚、つまり二二％までがこれを回答している。近頃の大学生の表現力は……などと嘆いてみても仕方がないことだが、逆にいうとそれは「かわいい」という言葉の権能がきわめて強く、その内側にすっぽりと入り込んでしまった者にとっては、同語反復という形式でしか反対語を表現できないという事態を意味している。どうして「かわいくない」わけ？　だってかわいくないんだもん。そういう対話がただちに想像される。目に入るものの何でも「かわいい」という言葉しか連発しない同級生に対する批判の声が、第3章にあったことを思い出してみよう。世界は単純にこの二分法に分類されてしまう。それこそが「かわいい」のヘゲモニー的現実なのだ。

ではカテゴリーBはどうだろうか。これは全体の一八％を占め、実に豊富にヴァラエティが出揃っている。もっとも多いのが「美しい」「きれい」である。これが男性性と関わってくると、「カッコいい」「男らしい」が、成熟度が基準となると「大人っぽい」「アダルト」「完成している」「クール」が、さらに知的側面に重きが置かれると「頭がいい」

「知的」「スキがない」「シャープ」「賢い」「鋭い」が、「かわいい」と対立するものと考えられている。英語でいうcuteと「かわいい」の領域が決定的に違っていることが判明するのが、とりわけこうした瞬間である。なんとなればcuteの語源とされているのは、「鋭い」「利発な」という意味のacuteであるからだ。この連鎖でいうと、「生意気」という言葉も「かわいい」の対立物であることが判明する。この系列から推測できるのは、以下のことである。「かわいい」の人格化として浮かびあがってくるものは、成熟した美しさの持主ではなく、どちらかといえば女性的で、子供っぽく、隙だらけで、たとえ頭の回転はよくなくても、従順で無垢な存在であるということだ。

逆にCの系列を眺めてみよう。「かわいい」の反対語としてもっとも多いのがこの範疇で、全アンケートの七三%を占めている。とりわけ「醜い」「不細工」「ブス」といった容貌に関する否定的印象が三三%。この類の回答の多さは、「かわいい」がとりわけ女性の容貌の問題として考えられていることを示している。「気持ち悪い」「きもい」「変」「汚い」「不気味」「不快感」「見苦しい」といった形容詞が、それに続いて二六%。これは容貌を超えてより広い範囲で、主体の快不快を判断基準としている。最後に、それほどの量ではないが「憎たらしい」「うざい」「腹立たしい」「嫌い」「ムカつく」。「かわいい」ものとは側に置いておきたいもの、清潔で安心ができ、快適なもの、居心地のいいものであることが、ここから逆に判明する。

　BとCは一見したところ、対立しているように思われる。だがDを考慮に入れてみると、「かわいい」がさらに複雑な様相をもっていることが判明する。そこでは「かわいい」に対立しているのは、他ならぬ「無感動」であり、「ふつう」「つまらない」「ダサイ」「味気ない」「興味がない」「無反応」「愛嬌がない」「シンプル」「ときめかない」「さえない」「はずれ」「そっけない」といった言葉である。

　これは逆にいって「かわいい」が感覚的な躍動感を喚起し、溌剌とした生に基づいて好奇心をそそる状態であることを意味している。いうなれば反Dとして措定される「かわいい」とは、反Bと反Cとを可能にさせている、より基層となる平面であると了解することができるのだ。反Dが前提となってこそ、はじめて「美しい」とも「醜い」とも対立項にある「かわいい」を定立することが可能になるのだ。いずれにしても「かわいい」の根底にあるのは心の躍動であり、それが親しげで好奇心をそそり、かつどこかしら未完成なところをもっている。ここまでは、最大公約数としてなんとか絞り込むことができた。そこで問5と問6が意味をもってくることになる。いったい「かわいい」と「美しい」「気持ちが悪い」とは、どのように対立、あるいは共存しうるイメージなのだろうか。

†「かわいい」女優の系譜

問5には実に多様な、興味深い回答が寄せられた。その全てをここに書き記すことができないのが残念なほどである。とりあえずいくつかを選択して紹介しておこう。最初に記したのが「かわいい」について、次に括弧の内側に記したのが「美しい」について回答者が抱いているイメージである。

近寄りやすい（近寄り難い）。胸がキュンとして守ってあげたくなる（整然として清らか）。聖母マリアに抱かれている幼子（悲しげな表情をした聖母マリア）。表面的であり、弱さの要素をもつ（内面に由来する強さ）。緊張を解き、心を和ませる（緊張をより強める）。子供っぽい（大人の成熟）。行動的で、おっちょこちょいで、庶民的（瞑想的で、聡明で、高貴）。日常的（現実から離れたところにある）。俗っぽく、わかりやすい（隔絶されていて、魔術的な影響力をもつ）。無邪気で、丸っこくて、温かい（クールで、明確なラインをもち、冷たい）。不完全なところがある（完璧で手のつけようがない）。時代によって大きく基準が変化する（時代を超えて存在し、全世界に通じる）。小さくて華がある（適当な大きさをもち整っている）。自分が愛することがまだ可能だと思える（愛せる・愛せないと無関係に、感動的なものとして存在している）。子供にも理解できる（大人にならないと理解できない）。自分

図 4　デビュー当時の原節子（左）と『初春狸御殿』の若尾文子（右）。「美しい」と「かわいい」の違い。
（写真左）『永遠のマドンナ　原節子のすべて』（出版共同社、1986）より
（写真右）『初春狸御殿』（大映、1959）より

よりも弱くて小さなもの（崇高と緊張の感情）。どこかに遊び心、滑稽なところがある（清らかでキリッとしていて、オーラを放っている）。相手に対する支配欲がある（ない）。どこか相手を見下しているところがある（ない）。男女で口にする基準の差が大きい（差が小さい）。女が口にするときは皮肉の場合がある（文字通りに受け取ることができる）。

今、こうした回答を書き写していて思い出したのは、現実であれ、虚構であれ、こうした組み合わせを基にした発想がわれわれの周囲に満ち満ちているという事実である。たとえばわたしの専門である映画史にかぎっていうならば、この「かわいい」vs.「美しい」の対立は、往古の神話的女優で

ある李香蘭（山口淑子）と原節子の間にも、若尾文子（「低嶺の花」「女中顔」）と吉永小百合（「聖女」「おしっこもしない」）の間にも横たわっていたものであった。[17] 思えばわたしの映画史的探究とは、この二つの魅力を弁別する作業に捧げられていたのだと、今にしてわかった。

またしばしば本書で言及するバルトも若書きの神話学研究[18]のなかで、オードリー・ヘップバーンとグレタ・ガルボという二大女優を比較し、前者が「実体の次元」にある「個性化された」「出来事」の顔であり、「本質的なものを何も持っていない」とすれば、後者は「プラトン的イデアの一種」であり、「手が届かないけれど諦めきれない一種の絶対的な肉体」であると語っている。フランス語に「かわいい」に相当する単語がないためにバルトはこうも七面倒臭い表現を使わなければならなかったのだろう。端的にヘップバーンは「かわいい」、ガルボは「美しい」と書けばよかったのである。日本における「かわいい」人気の異常さはしばしば海外でも話題にされるが、思うにそれは日本人の「かわいい」コンプレックスに由縁するものではないだろうか。ついでにもうひとつ、ジェラール・ドパルデューが主演する『美しすぎて』（ベルトラン・ブリエ監督、一九八九）という、ちょっと意地悪な風味をもったフィルムを、ここで思い出してもいい。そこでは清楚にして聡明極まりない美女のキャロル・ブーケと結婚する羽目になってしまったドパルデューが、庶民的でチンチクリンの中年女性と不倫の恋に陥ってしまい、ブーケを絶望させてしまうまでが描かれている。それは「かわいい」の「美しい」に対する勝利の物語である。

いずれにしても「美しい」のわきに置かれることで、「かわいい」の輪郭はこれまで以上に明確になってきた。それは神聖さや完全さ、永遠と対立し、どこまでも表層的ではかなげに移ろいやすく、世俗的で不完全、未成熟な何物かである。だがそうした一見欠点と思われる要素を逆方向から眺めてみると、親しげでわかりやすく、容易に手に取ることのできる心理的近さが構造化されている。「美しい」はしばしば触れることの禁忌と不可能性と結びついているが、「かわいい」は人をして触れたい、庇護してあげたいという欲求を引き起こす。それは言葉を換えていうならば、支配したいという欲求と同義であり、対象を自分よりも下の、劣等な存在と見なすことにも通じている。「かわいい」を口にする者は、その判断の基準が男女によっても大きく異なり、「今、ここ」においての一時的なものであることを自覚している。永遠に「かわいい」存在というのは観念の矛盾でしかない。だがそれゆえにこの言葉は、現前する心の躍動にむかって惜しげなく投じられるのだ。「か・わ・い・いっ!」といった具合に。それは「美しい」と口にすることよりも、はるかに身体の身振りの痕跡をともなった言葉なのである。

†グロテスクと隣りあわせ

ここまで考えてきたとき、問6「きもかわ」の問題が大きく意味をもってくることになる。「きもかわ」とは、気持ちが悪いを意味する「きもい」と「かわいい」を合成した形容詞である。この言葉はまだ『広辞苑』にも三省堂の『新国語辞典』にも掲載されていない。推測するに、十代後半の都会の女子高生によって二〇〇〇年前後のどこかの時点で考案されたのではないかと思うが、不勉強にして書き言葉としての初出はまだ確認できていない。どうして「都会の」と推理できたかというと、アンケートを取った明治学院大学と秋田大学とで、回答にはっきりと違いが現れたからである。前者ではユニークな解釈が続出したが、後者では字義通りの説明か、無回答が目立った。

総じて「きもかわ」を知っていますかという問いに対し、「知らない」とか「焼き鳥の品目の一種か?」という回答を寄せてきたのが、全体の学生数の一二%であった。また耳にしたことはあるが、個人的には認めたくないと答えた者が一%強存在した。それは二〇〇五年の時点でこの言葉が、いまだに大学生たちの間にあってすら、アンダーグラウンドな文化に属している言葉であることを意味している。だがこの言葉は「かわいい」の核心に近づくために重要であると、わたしは睨んでいた。なぜならばそれを通して、グロテスクなるものと「かわいい」の間の錯綜した関係について、少なからぬことを知ることができるからである。

「きもかわ」の例として学生たちが挙げてきたものは、たとえばしりあがり寿の漫画、ヨン様（ペヨンジュン）、アンガールズ、地方限定のキティちゃん、みうらじゅんの「ゆるキャラ」、ヤマンバギャル、「したっぱくん」、パグ、ドクロ……などである。「ドリルを用いて道路工事をしている人がお昼に食べる弁当の箱にキティちゃんの絵が描かれているような感じ」といった風に、清少納言顔負けの評言を書いてきた者もいた。例としてもっとも多く挙げられていたのは、TVのお笑い芸人アンガールズであり、そのジェンダーを混乱させるグロテスクにして親しげな身振りが原因であることが推測できた。先に「かわいい」に永遠なるものはないと記したが、ここに掲げた「きもかわ」の例を眺めてみると、いかにも「今、ここ」という強い現在性が感じられる。後世の研究者は註釈なしでは、それらを理解できないことだろう。

説明に移ってみると、いくつかの系列が見受けられた。「気持ち悪いくせにどこか愛嬌があって愛らしいもの」「気持ちが悪いが、見慣れると愛着が湧いてくるもの」「気持ち悪くなるほどに強烈な「かわいさ」といった風に、感覚の両義性を強調するもの。「ブラウン管を通して見たときには「かわいい」が、実際に間近で接してみると「気持ち悪い」もの」「全体はかわいいが、細部をよく見ると気持ち悪いもの」といった、細部と全体の不均衡を指摘するもの。「付きあいたいとは思わないが、見ている分には面白いもの」といった距離感のあるもの。「「気持ち悪い」と見なされて弱者となった者の行動が、他人から逆に同情を引き出し、結果として「かわいい」と呼ばれてしまうもの」という、心理的洞察によるもの。回答者たちの解釈は千差万別である。

「きもかわ」なるものがひょっとして現代思想と美学との結節点にあるのではないかと一瞬考え込んでしまったのは、次のような回答を読んだときであった。「大衆に受け入れられる「かわいさ」ではなく、自分だけがその魅力に魅かれ、癖になってしまうもの」「みんなといっしょという枠から除外されたものを、人とは違うハイセンスのもとに愛好するもの」。これは一昔前にアメリカ経由で流行した「キャンプ」に近い、趣味の政治学をめぐる洞察だともいえる。「どこかで生々しくグロテスクな感じで、母性本能に訴えてくるような、たまらない愛おしさ」という意見もある。これもまた精神分析家となったクリステヴァが説く「おぞましさ」アブジェクション（『恐怖の権力』を参照）と母性の無意識的結合に通じる解釈といえなくはない。「グロテスクな滑稽」だと端的に定義してみせる回答。いささか衒学的な言辞を重ねることになるが、これがボードレールがホフマンを評して口にした言葉「絶対的滑稽」と奇しくもほとんど同一であることを、わたしは確認した。

そうか、十九世紀から二十世紀にかけての美学論議とは、ただひたすらに「きもかわ」を理解するためにあったのか。

実をいうと「きもかわ」という言葉を前にしてわたしが最初に期待していたのは、「きもい」から「かわいい」のか、「きもい」にもかかわらず「かわいい」のか、という論理的な因果関係の問題であった。だがアンケートの回答を眺めているうちに、この見立てが誤っていたことが段々と理解できるようになった。気味が悪い、醜いということと、「かわいい」こととは、けっして対立するイメージではなく、むしろ重なりあい、互いに牽引し依存しあって成立しているものなのである。これは逆にいえば、あるものが「かわいい」と呼ばれるときには、そのどこかにグロテスクが隠し味としてこっそりと用いられていることを意味している。

学生のなかには「個人的には単なる「かわいい」よりも「きもかわ」により深い愛着を感じることが多い」と率直に告白した者がいた。また「きもくて目を逸らしてしまうはずなのに、何度も何度も見てしまう」と書いてきた者もいた。こうした声は突き詰めてみると、グロテスクなもの、不気味なものを見つめることに人間がなぜかくも惹きつけられてしまうのかという、精神分析が提起する問題と深く関わっているといえる。

よく知られていることだが、フロイトは『不気味なもの[19]』という有名な論文のなかで、女性性器はなぜ不気味に見えるのかという問いを、思考の冒頭に据えている。その学説を簡単に要約すると、それはかつて自分がそこから生まれてきた起源の場所であるにもかかわらず、ひとたびその事実が抑圧され、隠蔽されてしまったため、親密感が反転して不気味に思えるのだということになる。精神分析はこの認識を原点に置きながら、グロテスクとして人が忌避するものの背後に、無意識的な抑圧の痕跡が横たわっていると主張する。隠され、封印されてきたものがふたたび意識に回帰するとき、それはグロテスクで不気味な容貌のもとに現れるという論法である。この論法は怪奇映画や怪獣映画の分析のさいによく用いられるものだが、「かわいい」研究においても何らかの示唆を施してくれるかもしれない。

†E.T.は本当に「かわいい」か?

だが抽象議論の深奥を覗きこむことはひとまず置いて、「かわいい」とグロテスクの関係をより帰納的な立場からここで考えてみることにしよう。

たとえばディズニーのアニメ『白雪姫』に登場する七人の小人や、スピルバーグのフィルム『E.T.』の主人公である宇宙人、また宮崎駿の『となりのトトロ』のトトロのことを考えてみよう。こうした虚構のなかの登場人物は、一様に「かわいい」ものの典型と見なされ、それを象った人形やヌイグルミ、文房具用品の類が大量に製造されては、子供たちにスーヴニールとして与えられたりしている。異常なまでに巨大な両眼。頭部と比較して不均衡なまでに短い足。毛髪をもたず痩せ細った胴体。彼らをおしなべて特徴づけているのは、身体的な欠落である。

だがもし現実に自分の家の庭先に七人の小人やE.T.、トトロが突然に出現したとしたら、われわれはそのグロテスクな姿に仰天して、逃げ出すか、警察を呼ぶことになるだろう。それがわれわれに天変地異の前兆のような恐怖の感情を催させたとして、不思議ではない。皺だらけの痩せた宇宙人が人間の言語を口にしたとしたら、それはわれわれが日常的に抱いている人間という観念を危機に陥らせてしまうはずだ。澁澤龍彥はかつて、E.T.とは養老院を脱走して孫に会いに来た老人ではないかという仮説を述べたことがあった。今日の核家族にあって忌避されてきた老人が、フロイト的回帰を経てグロテスクな形象として顕現したと考えてみるならば、この評言には言外に深い意味が隠されているように思われる。トトロにしたところで、もし日本の住宅地に本当に出現したならば、人間に危害を加える正体不明の動物ということで、近隣住民から駆除申し立てが出ること必定である。

「かわいい」と見なされている虚構の生物の多くは、このように人間の身体からの逸脱と

図 5　クリヴェリの描く幼児イエス
Crivelli（©1964 by Fratelli Fabbri Editori, Milano Fabbristampa-Milano）より

して考案され、本来的に畸形的な形状を所有している。畸形といっても規範的身体から何かが欠損している場合にかぎられ、何かが過剰な場合には最初から「かわいい」の範疇外と見なされることになる。こうした架空の存在が脅威としてではなく、安全でどこかしら懐かしげな存在として物語のなかで行動を許され、子供たちと親しげに会話をすることを許されるのは、そこに「かわいい」という虚構の枠組みが働いているためである。同様のことは、ルネッサンスの聖母子を描いた絵画においても指摘できる。クリヴェリが描く幼児イエスは、果実のように丸々と太った顔にもかかわらず、どこかひねこびた眼差しと知的障害者めいた表情をもしている。現実にこのような子供を目の当たりにしたら、たいがいの者は気味悪さしか感じないだろう。だがそれはイタリア絵画史では「プット」という名前のもとにコード化がなされ、無垢にして「かわいい」幼子の映像として受け取るという約束ごとが定められている。細部を眺めてみればグロテスクとしか見なされない畸形と逸脱の身体を、

「かわいい」という自動化された認識へと変容させてしまうのは、ひとえにこの薄皮のような約束ごとの存在にほかならない。

こうした約束ごとの虚構性を白日の下に暴きだしたのが、一九七〇年代初頭に自殺したアメリカの写真家ダイアン・アーバスであった。[20] アーバスは現実の小人のみならず、双生児の少女や少年少女ダンスコンテストの優勝カップル、猿の赤児に人間の衣服を着せてあやしている中年女性までを被写体として選び、世間が彼らに付加している「かわいい」というステレオタイプの映像をみごとに剝がしてみせた。そこでは赤ん坊でさえも例外ではない。アーバスのカメラの前に立ったとき、彼らはわれわれが日常的に与えている思い込みを一様に引き剝がされ、剝きだしの細部の現前として現れる。双生児の少女たちは「無垢」や「親和力」といった観念を剝ぎ取られ、瓜二つの人間がこの世に存在していることの薄気味の悪さの証左として提示されるし、赤ん坊は「愛の結晶」でも「希望」でもなく、単に不均衡に大きな頭部をもち、顔を皺だらけにして泣いている身体に還元されてしまう。今にして思えば、写真家としてのアーバスの真骨頂とは、「かわいい」とは本質的に「きもかわ」であり、一皮剝がせばグロテスクにすぎないことを証明したことであった。

ここで話を映像から現実に戻すならば、実際に赤ん坊と日常的に接したり、犬や馬と生活をともにした経験のある人ならば、世間で呼び習わされているように、赤ん坊やペット、家畜の類がけっして「かわいい」だけの存在ではないことを肌身に染みて知っていることだろう。赤ん坊は煩いし、臭い。犬はところかまわず吠えたがり、いたるところで排泄をする。馬はときに危険で、人間の尺度を越えた行動を平然ととる。「かわいい」が保証し

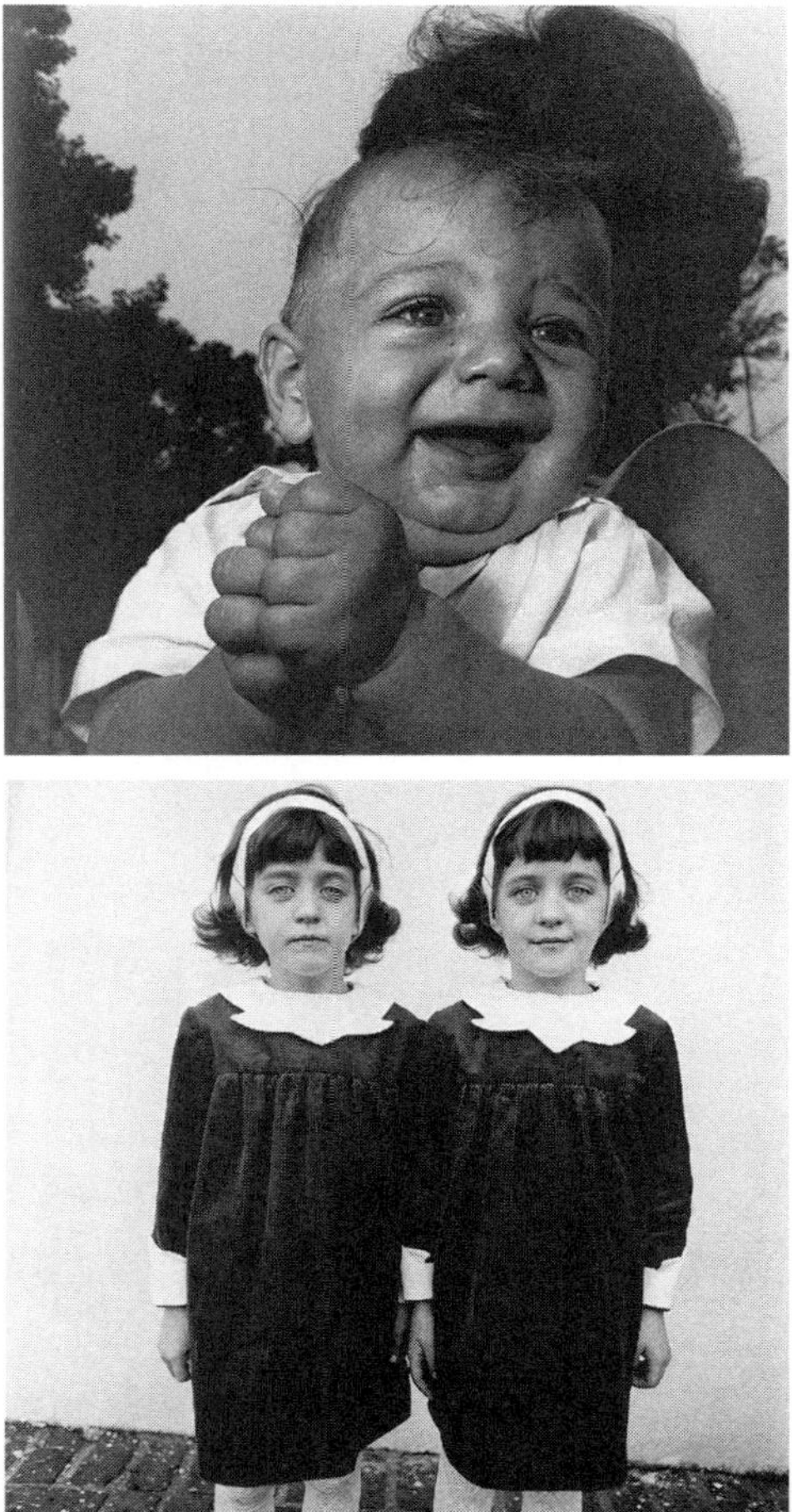

図6 ダイアン・アーバスの写真

写真上：Loser at a Diaper Derby, N. J. 1967

写真下：Indentical twins, Roselle, N. J. 1967

ダイアン・アーバス『ダイアン・アーバス作品集』（伊藤俊治訳、筑摩書房、1992）より

てくれるはずの清潔さ、心地よさ、心理的安堵感とはまったく異質のものがそこには横たわっている。端的にいって彼らはわれわれにとって他者なのであって、不用意にこちら側の規則を押し付け、支配するだけでは、失敗を引き起こすこと必定な存在なのである。

では、なにゆえに彼らは人間によって「かわいい」と認められうるのか。それは彼らが人間の側からの保護をたえず必要とする存在であって、人間社会にあって無防備にして無力であることが確認されているためである。人はなぜ五体満足な血統書付きの仔猫よりも、身体に欠損のある捨て猫をいっそう「かわいい」と感じ、ときにあえてそうした猫を引き取って飼うことを選んでしまうのか。それは捨て猫には、保護されるべき弱者特有のアウラが宿っているからとしか説明しようがない。猫がかわいそうで「かわいい」なのではない。それを見つめる人間の眼差しがかわいそうで、すべてを「かわいい」の色調に染めあげてしまう力に満ちているのである。

†ヌイグルミと赤ん坊

ここでヌイグルミのことを少し考えてみよう。ヌイグルミとは、絵本やアニメの中の動物と同じく、端的にいって過度に人間化された動物の映像である。それは弱者が発散する独自のアウラを人工的に凝縮し、ほとんど抽象的といえるまでに「かわいさ」を結晶化することで考案され制作されている。ヌイグルミの動物に共通する、巨大で悲しげな目付き、愚かしげな口元、無防備にして眠たげな姿勢は、現実のペットや家畜、赤ん坊から排泄物や臭気、騒音といった不快な要素をことごとく取り払うことではじめて可能となるものであり、純粋に理想化された動物、いやより正確にいえば、純粋に人間化された動物に固有のものといえる。それはヴァルネラビリティに満ちているためただちに保護されるべき動物の似姿であり、ために子供はヌイグルミを踏んだり蹴ったりし、大人はそれに（寒いからといって）フェイクのオーヴァコートや帽子を着せたりするのである。

だが「かわいい」という観念を抜きにして間近にヌイグルミを眺めてみれば、人はそれがいかに畸形でグロテスクな容姿をしているかは了然としている。デフォルメされた表情をもち、単純な原色に塗り分けられた犬や熊の似姿が「かわいい」と感じられるのは、それが本質的に「かわいい」からではなく、人間がそれに「かわいさ」を投影するからに他ならない。美は人をして畏敬と距離化へと導くが、グロテスクは同情を喚起する。「かわいい」とはものに宿る本質などではなく、「かわいい」と名付け、指さす行為なのではないかという解釈が、ここから生じる。それが証拠に、他人が愛で慈しんだ中古のヌイグルミは、いささかも「かわいく」ないのではないだろうか。「かわいい」のは、つねにわたしのヌイグルミだけなのだ。なぜなら他ならぬわたしこそが、それを保護し、それに無償の愛情を注ぐことができるためである。

赤ん坊を抱いたり、洗濯したばかりのテリア犬を連れて散歩をしたことのある人なら、道行く人から次々と「かわいい！」とか「キューピーちゃんみたい！」「ヌイグルミみたい！」といった言葉を投げかけられた体験があるだろう。ここで語られているのが現実の個別の赤ん坊や動物をめぐる言葉でないことは、すでに説明した通りである。通行人は「かわいい」赤ん坊という観念に基づいて儀礼的な言辞を口にし、またヌイグルミという「かわいい」の純粋結晶を基準として、現実の犬にその映像を投影しているのにすぎない。この「かわいい」という観念は、何も通行人にかぎったことではなく、赤ん坊の母親やペットの飼い主を含め、一般的に社会が共有しているものといえる。母親が現実の排泄物と悲鳴にもかかわらず赤ん坊を育て上げることができるとすれば、それはこの「かわいい」観念に支配されているからである。また彼女が排泄物と悲鳴に耐えられずに赤ん坊を殺してしまうとしたら、それはヌイグルミやキューピー人形を通して醸成されてきた「かわいい」観念が、現実の赤ん坊を前に強烈な齟齬を起こしてしまったからではないだろうか。

おっと、「かわいい」と美、グロテスクの関係を論じながら、いささか脱線してしまった。少し軌道修正をすることにしよう。

わたしは本章の冒頭で、「かわいい」が「美しい」の隣人であると記したが、この言葉は厳密に訂正をしなければならないだろう。すなわちグロテスクであること、畸形であることこそが「かわいい」の隣人なのだ。両者を隔てているものは実に薄い一枚の膜でしかない。だがその観念的な膜に保護されているがゆえに、「かわいい」は親しげで心地よいものとして肯定的に受け留められ、その膜の外部に置かれているがゆえに、「醜い」「きもい」は脅威的で不安と不快感をもたらすものとして忌避される運命となる。何かの偶然でこの膜が破損したとき、われわれの日常生活において思いもよらぬ事件が生じることは、子殺しやペット遺棄の例からも明らかである。そのときわれわれは「かわいい」と信じきっていた赤ん坊や動物が、実は自分が無邪気に抱いていた人間という観念を危うくさせる他者であるという事態に直面して、パニック状態に陥ってしまうのだ。そして「きもかわ」とは、この二つの世界の境界領域において生起する事件であり、それを通してわれわれが「かわいい」なるものの本質を垣間見ることもできる稀有の状況であると、ひとまず結論することができるだろう。

「かわいい」の最初の美学的基礎付けは、こうして美とグロテスクを媒体とすることでひとたびなされた。それでは次に、第二の基準として、「小ささ」と「なつかしさ」とが「かわいい」なるものといかなる関係を取り結んでいるかを考えることにしよう。

第5章

小さく、幼げなもの

†小さきものは、皆うつくし

雛《ひひな》の調度《てうど》。蓮《はちす》の浮葉《うきは》のいと小さきを、池より取り上げたる。葵のいと小さき。なにもなにも、小さきものは、皆うつくし。(21)

清少納言の『枕草子』一四六段の結語にある言葉である。第2章をお読みになられた方は、この結論にいたるまでに作者がいかに多くの「うつくし」きものを羅列しているかを、記憶されていることだろう。子供。雛鳥。池に浮く葉っぱ。葵の花。それは文字通り小さなもののオンパレードであった。ここで「うつくし」と呼ばれているのが現在でいう「かわいい」の意味であることは、第2章ですでに述べておいた。「それが何であれ、小さなものはすべてかわいい」というのが清少納言の美学であり、それを証明するかのように『枕草子』は、不要に冗長な独白を重ねることなく、短く簡略化されたエッセイの連続から構成されている。

『枕草子』が示す小さきものへの偏愛は、その傍らにアリストテレスの『詩学』を並べてみると、よりいっそうその独自性が際立つことになる。西欧の古典美学の起源とされるこの書物は次のように語っている。

極端に小さな動物は美しくありえないであろう。それは、ほとんど気付かれぬくらい短い瞬間に見られてしまうために、不鮮明なまま何も識別できないからである。他方また、極端に大きな動物もやはり美しくありえないであろう。それは、いちどに見られることができずに、観察者であるわれわれにとっては、それのもつ全一性が視野から失われてしまうためである。[22]

アリストテレスの時代には「かわいい」という観念も、崇高という観念もなかった。論に値するのはただ美ばかりであり、それはつねに調和と均衡に満ちて、しかるべき距離のもとに、しかるべき分量のもとに、眺められるべきものでなければならなかった。『枕草子』が問いかけているのはそれとは正反対の、量的な均衡が崩れたときにはじめて事物が垣間見せることになる、壊れやすく、可憐な美としての「かわいさ」のことである。それは西洋の美学が古典主義からバロックへ、はたまたロマン主義の崇高美学へと変転してゆく間にも、一度として美学の中心に置かれることはなかった。それはときたま東洋より到来するシノワズリー（中国趣味）やジャポニズム（日本趣味）、あるいはペルシャの細密画を例外とすれば、ほとんど挿話的な話題としてしか言及されることがないままに現在に至っている。

†「縮み」志向の日本人

では、この小ささの美学は日本文化に特有のものなのだろうか。日本人は短歌という世界でも稀なる短詩型を考案しただけでは満足せず、それをさらに小さくして俳句を発明してしまった。またトランジスタラジオと電卓、ウォークマンといった携帯電機商品を次々と開発し、つい今しがたも携帯電話をいかに軽量化するかに腐心してきた。ハリウッドが『ジュラシック・パーク』を製作している間に、ポケットに入るモンスター、略して「ポケモン」を考案し、「ピカチュウ」と込みで全世界の市場に送り出した。こうした文化の背後には、何か伝統的に一貫した原理が働いているのだろうか。

この問題に真正面から取り組んだのが、韓国の比較文化学者である李御寧《イーオリヨン》が著した『「縮み」志向の日本人』であった。李は韓国と日本の伝統文化、歴史、言語を豊富な細部にわたって比較対照することを通して、日本文化の根底にはものごとを縮小する原理が横たわっていると結論し、さらに重要なこととして、それが事物をより「可愛い」「力強い」ものに変化させることに結びつくと語っている。

日本では何かを作ることを細工といいます。作るということはすなわち、細かく縮小する工作なのです。それでも気がすまないので、細工の上になお「小」という文字を加えて小細工ともいいます。まるで「豆」「ひな」の接頭語ひとつでは足りないかのように、小型の赤本を「ひな豆本」と接頭語を重ねて使ったのと同じ例です。そうですから体裁などがぶざまだったりすることを日本語では不細工というのです。このように縮小されたものは、たんに小《ち》っぽけなものとはちがい、本来のものよりもっと可愛いもの、もっと力強いものになるということで、異様な特色を帯びてくるのです[23]。

李は単に、日本にあっては小さいことが「かわいい」だけではない、それは事物により圧縮された強度を与えることになると説いている。こうした主張を実証するかのように、彼は博覧強記のかぎりを尽くして、日本の「縮み」文化の例を挙げる。なるほど日本は歴史的にみて、中国大陸と朝鮮半島から大きな文化的影響を受けてきた。だがそれを独自の方法をもって加工し、きわめて独自の文化を創りあげてきた。その方法とは簡単にいって、込める、折り畳む、削り取る、詰める、構える、凝らせるの六通りである。込めるとは、日本語の所有格助詞「の」に現れているように、入れ子構造を積み上げていく過程である。折り畳むとは、扇子の考案に代表される空間の縮小である。削り取るとは、漢字の不要な部首を取り去って仮名を作った作業を考えてみればよい。詰めるとは、食膳を移動可能な縮小タイプにして、折詰弁当を考案したこと。構えるとは、能における動作の簡略化が逆に演劇的強度をもたらすこと。凝らせるは家紋や半纏《はんてん》の屋号、名刺を考えてみればよいと、李は説いている。

この六通りの加工法が組み合わされたとき、日本の伝統文化の背後に横たわる原理が成立する。日本人は莫大な仏典を探索した末に、わずか七文字から構成される念仏を考案し、それはまたたく間に庶民に浸透した。彼らは鴨長明の『方丈記』に見られるように、あえて狭い空間に住むことを選び、そこに世俗を離れて生きることの究極の安堵を見出した。とりわけ茶道の達成者である利休は、四畳半の茶室を三畳、二畳と縮め、ついに一畳半の茶室を造り上げると、これもまたひどく狭く低いにじり口をそこに設けた。盆栽から活け花、枯山水から、韓国人にはけっして理解できない人形への偏愛、何百もの仏典文字が記された米粒まで、事物を可能なかぎり小さくし、それを巨大な宇宙と対応させ、より強いものへと変化させてゆくことにかけて、日本人の右に出る者はいない。一寸法師にしても、『浮世草子』の大豆右衛門にしても、川端康成の『掌の小説』にしても、小さくもまた短くもなることによって、日本的なるものはいっそう強く、かつ美しく輝くことになる。第二次大戦後の日本がトランジスタラジオを皮切りに、極小な電化製品をもって世界を席捲した背景には、こうした文化的伝統が息づいている。

以上が李御寧の日本文化論の要約である。この論考は一九八二年に発表され、日本韓国の双方で大きな反響を呼び起こした。もちろん今日的観点に立てば、李御寧の論にはいくらでも例外を見つけることが容易であるかもしれない。螺鈿《らでん》細工からポジャギまで、韓国の工芸品にもいくらでも繊細なミニュアチュールは存在している。盆栽はヴェトナムや中国の方が日本よりはるかに本場であるし、タイ人が小さな人形やスーヴニールに寄せる愛情は、日本人の程度を超えている。西欧でクリスマスごとに飾られるプロセニウム（聖家族像）やドルズハウス（人形の家）の緻密さは、それに匹敵するものがないほどであるし、厭世家の億万長者が余生を縮小模型の製作に費やしたという話はいくらでもある。

また昨今のカルチュラル・スタディーズの立場からすれば、李がそもそもの前提としている文化本質主義そのものが、理論的に否定の対象となるだろう。彼が説くようにはたして日本人は文化的に一枚岩なのか、沖縄人とアイヌ人にも同じ「縮み」志向があるといえるのかという論議は、当然生じてくるかもしれない。金大中政権以降の韓国の若者文化のなかに急速に浸透している日本の大衆文化、あるいはヨン様現象に代表される日本での韓流ブームが、従来のような日本と韓国の文化的二項対立をしだいに曖昧なものに変えてゆくことは、充分に予想がつくことである。

では「縮み」志向という言葉は役割を終えたのか。わたしはけっしてそうは考えていない。李御寧がラブレー的な情熱のもとに羅列してみせた、日本文化に横たわるミニュアチュールへの志向のリストは、いまでも確実に魅力的である。とりわけ日本人が「わび」という公式的な美学の枠内でしか捉えてこなかった利休の空間意識に新しく解釈を施し、それを日本文学における短詩の発展から、少人数の職人組織を基盤としたミニサイズの家電製品の開発に至る、大きな文脈のなかにおき直したことは興味深い。それは幼少時に、苛酷な植民地体験を通して日本文化を間近に見つめながらも、それとは異質な文化的伝統に生きる韓国の知識人にして、はじめてなしうる考察だろう。アメリカ直輸入の抽象理論を振りかざすだけでは、こうした生涯の身銭を切ってなされた比較文化論は、けっして出てこない。

個人的なことをいうと、一九七〇年代の軍事政権時代にソウルに学びにいったわたしがまず受け取った印象とは、韓国人とはなんとまあ大らかで（悪くいえば）大雑把な人たちであるなあ、というものだった。それは逆にいうと、自分が帰属していた日本の文化が繊細にして不断の緊張感に満ち、折詰弁当のように緻密に拵《こしら》えられているという認識でもあった。日本文化に横たわる、苛立たしいまでの細やかさは、その後、西欧に滞在する機会が増えるにつけ、いっそう思い知らされることになった。わたしは文化ナショナリズムに安易に与することを嫌う者ではあるが、自分が体験していたこうした文化的当惑を整理し体系化するために、李御寧の書物が大いに参考となったことを、虚心に告白しておきたい。わたしは彼の書物が、たとえ部分的に非歴史主義だという誹《そし》りを受けることはあったとしても、戦前に谷崎潤一郎が『陰影礼讃』のなかで薄明の光のなかに曖昧に浮かびあがる日本の色彩を美学として前景に押し出したように、これまで日本人に自覚的に意識されてこなかった雑多な日本文化のなかから、ある常数を抽出してみせた試みであると考えている。

†ミニュアチュールの悦び

「かわいい」の本質のひとつである小ささについて論じるつもりが、方法論的なところで道草を食ってしまった。ここで気分を新たにして、小さいもの、ミニュアチュールの心理学について考えてみよう。ここでわたしに導きの糸を手渡してくれるのは、アメリカの比較文化学者であるスーザン・スチュワートが書いた『憧憬論』(24)である。この書物は、ノスタルジアとお土産、蒐集行為といった人間の営みに一貫している心象を分析している点で、きわめて興味深い。以下ではスチュワートの説くところを敷衍し、思いつくままに感想と註釈を挿入しながら論を進めておきたい。

スチュワートによれば、まず自然のなかにミニュアチュールは存在しない。それは優れて人工的な産物であり、そこに人はしばしば精密な職人仕事の跡を見つけて満足する。なるほど煙管に取り付けられた根付から、携帯電話のストラップまで、黄金なす仏陀の楼閣の似姿である仏壇から、緻密に築き上げられた鉄道模型まで、あらゆる縮小模型は、現実に実在する巨大な物体に対してメトニミー（換喩）的操作を施すことで製作される映像（似姿）であるといえる。ミニュアチュールにとって重要なことは、それが起源となる物体を模倣しながらも、その本体が属している現実世界から完全に遮断され、外部と内部の境界を厳密に維持していることである。この隔離が前提となってこそ、それを手にする者は、現実とは別の秩序をもつミニュアチュールの空間に遊び、我を忘れることができる。なるほどミニュアチュールは起源となるものと比較すると、縮尺においてはるかに小さい。にもかかわらず（あるいは、それゆえに）それが体現する全体性の観念は強固であり、多くの場合、起源をはるかに凌駕している。豆本がミニュアチュールの世界で占めている位置の大きさは、そもそも古代から、書物が宇宙の雛形として全体性を担ったものとして信仰されていたことに、基因している。豆本は縮小を通して、さらに強い姿勢のもとに、全宇宙を体現する物質として自己主張をするにいたったのだ。

三島由紀夫の小説『金閣寺』を読んでみると、まさにこの指摘にまったく適った一節があることがわかる。主人公の青年がはじめて現実の金閣を訪れた直後に、傍らの法水院でそのミニュアチュールを眺める場面である。

私はまづ硝子《ガラス》のケースに納められた巧緻な金閣の模型を観た。この模型は私の気に入つた。このはうがむしろ、私の夢みてゐた金閣に近かつた。そして大きな金閣の内部にこんなそつくりそのままの小さな金閣が納まつてゐるさまは、大宇宙の中に小宇宙が存在するやうな、無限の照応を思はせた。はじめて私は夢みることができた。この模型よりもさらに小さい、しかも完全な金閣と、本物の金閣よりも無限に大きい、ほとんど世界を包むやうな金閣とを。(25)

スチュアートの論が独自なのは、彼女がミニュアチュールを、個人が手に携えることのできるサイズのものに限定していないところにある。動物園も、水族館も、また昨今流行のテーマパークも、ある見方からすればミニュアチュールである。いうまでもないことだが、現実の象や虎を縮小することはできない。だが現実のサバンナや海中から隔離された閉鎖空間のなかにそれら動物たちを置くことで、そこを訪れる者はミニュアチュールを前にした時に等しい疑似体験をする。動物園を訪れる者は、すでに空想の世界に片足を踏み込んでいる。観覧が終った後に彼（女）が立ち寄るギフトショップには、実在する動物である象や虎のミニュアチュールであるキーホルダーやスノウドームに混じって、しばしばE.T.や一角獣といった空想裡の生物をあしらったスーヴニールが陳列されている。動物園とは隔絶された秩序の支配する極小の空間であり、その住人である動物たちが「かわいい」存在であるのは、ミニュアチュール一般が「かわいい」オブジェであるからである。

ミニュアチュールにおいて忘れてはならないことは、それが現実から隔離された、親密感に溢れた空間へと人を誘うだけではないということだ。それは同時に、時間をも凍結にいたらしめる。今、わたしの机の上には、秋葉原のガチャポン会館で買い求め、組み立てたばかりの、二体の美少女フィギュアがある。そのひとつはビキニ姿で両足を水に投げ出し、緑のハンマーを右手で振りかざしている。もう一体は、朝に目が覚めたばかりの少女がパジャマ姿のまま、眠そうに指で目を擦っているところである。どちらのフィギュアもある特別の瞬間を固定化し、日常生活のなかで切れ目なく流れていく時間のなかから特権化している。ナポレオンがロシア遠征のさいに、大平原でクトゥーゾフ将軍の軍勢と対峙している光景を何百もの兵士の人形を用いて再現している大パノラマのミニュアチュールを、わたしは以前にモロッコのタンジェで見たことがあった。ここでも働いている原理は、二体のフィギュアといささかも変わらない。歴史的な時間の流れのうちから一瞬間だけが切り取られ、タブロー（絵画作品）として現前することで、ミニュアチュールは本質的に無時間的なオブジェと化してしまうのだ。それは空間的に狭く、小さく限定されたオブジェであるとともに、時間にも閉塞を宣言する。

あらゆるミニュアチュールは、歴史への忌避という一点において共通している。言葉を換えていうなら、それはユートピアと見なされた無時間性にむかって事物が失墜してゆくさいに見せる状態であるといえる。ドストエフスキーの小説『悪霊』でも、エミール・クストリッツァのフィルム『ライフ・イズ・パラダイス』(二〇〇四)でも、刻々と変化してゆく危機的状況のなかで、それに一顧だもせず、ひたすら鉄道模型の完成に情熱を燃やしている駅長的人物が登場している。彼らは現実世界の時間的秩序を拒否し、ミニュアチュールが差し出す凍結された時間に魅惑され、それを通して喪われた世界の全体性にもう一度手を伸ばそうとしているのだ。

スチュアートの『憧憬論』は、こうした論理に導かれるままに、中世のイタリアに発したプロセニウム(額縁舞台)が、やがて全ヨーロッパに拡がり、十九世紀の世俗社会において、ドルズハウスとして人気を博するまでにいたった経緯を語っている。ドルズハウス、つまり「人形の家」は、一方で豪華絢爛な家具に満ちた住居の縮小模型として、庶民には手の届かない理想的な富裕の生活を指し示すとともに、もう一方ではとうに喪われてしまった、過去の農家の素朴な室内を再現して、ノスタルジアの感情を掻き立てる。それは産業革命以降、「冷たい社会」が「熱い社会」へと変容し、進歩が時代の合言葉となったヴィクトリア朝のイギリスにあって、歴史的な時間の進行を超越した、地上にはもはやありえないもう一つの空間へと人を誘うことになった。スチュアートは言及していないが、この十九世紀中期とは幻想小説が貸本文化のなかで繁盛し、郵便切手の蒐集が開始された時期でもあった。

†プリクラの魅惑

外界と内界の間に明確な境界線を引き、小さく細やかに設《しつら》えられた内界を凝視することで、それに対応する主観を無時間性のうちに定立すること。関与の対象としてではなく、ただ純粋に視覚的な対象としてミクロコスモスを創造し、そこに親密さを表す記号的オブジェを次々と持ち込むことで、喪失されて久しい世界の中心を虚構のもとに再構築すること。十九世紀のイギリスで流行したドルズハウスに匹敵するものを、今日の日本の少女文化に求めるとすれば、それはプリクラであることだろう。「プリント・クラブ」という言葉を短縮することで考案されたこの装置は、少女たちの秘密を物質化することで、今日の「かわいい」文化のなかで大きな位置を占めている。

プリクラは一九九五年にアトラス社が「プリント倶楽部」と称して、街角に設置された自動の写真機を改造したときに誕生した。わずかな百円玉を投じるだけで、思い思いのポーズをした写真を遊戯的に撮影すると、それが何枚もの小さなシールとなって現れるというシステムである。この装置の背後には、一部の女子高生たちが使い捨てカメラを用いてお互いの写真を撮り、それを交換しあってはノオトに貼って愉しむという習慣があった。プリクラの出現によって、この映像の交換は飛躍的に流行し、あっという間に少女たちの世界で儀礼的な様相を帯びることとなった。

初期のプリクラはまだストロボ撮影もなく、蛍光灯の下で単純にポーズを決めるだけのものだった。ブームが本格的となるとそこにさまざまな手が加えられ、内部の空間が拡大されて三人、四人と複数での利用が可能となったり、被写体の肌をより明るく白く見せるため照明に工夫がなされるようになった。ひとたび撮影されたラッシュ映像の表面に自在に文字を手描きで落書きできるようになり、多くの選択肢のなかから気に入った縁取りを選べるようになった。プリクラの利用者たちは最初は「仲良し」の少女たちが中心であったが、やがてカップルがそこに加わることになる。狭い撮影場所のなかで、一瞬の時間を狙ってHな身振りを披露し、それをこっそりとプリクラとして残すことが行なわれるようになった。複数のシールとして手渡されるプリクラは、一方で秘密の親密さを示す映像として保存されたが、もう一方ではたやすく交換の対象となった。シールを交換し、お互い

図7　プリクラの写真

にノオトやアルバムに貼って保存しながら、機会を見て見せ合うことが、少女たちの世界で厳粛な約束ごととして定立されるには、時間はかからなかった。

わたしの知るかぎり、このプリクラに唯一着目した「大人」は、今は亡き種村季弘だった。理想の少女と肌を寄せ合いながら、狭い秘密めいた空間に二人っきりで、それも永遠に住むことができたとしたら、どれほどすばらしいことか。彼は一九九七年、つまりプリクラ誕生わずか二年後に刊行された書物のなかで、そうした意味のことを空想している。[26] 恐るべき烱眼である。生涯を贋物と自動人形を愛することで過ごしたこの稀代の文学者は、このわずか数百円で実現できる仮初《かりそめ》のユートピアが、本来的に幸福さのチープ・イミテーションに他ならないことを見抜いていて、それゆえにいっそうプリクラを支持したのだと、わたしは睨んだ。種村さんの論を敷衍してゆくと、かつて江戸川乱歩が『押絵と旅する男』のなかで不可能な夢想として描いてみせたユートピアが、はからずもここに実現されたということになる。

プリクラの内側ではすべてが「かわいさ」に満ちている。侵入してくる外敵はありえない。星や花、ハート型マークといった風に、快適さを示す記号がいたるところに溢れていて、それに守護されているかぎり、幸福さが保証されている。狭い映像の内側は外部世界からいくつものフレームによって隔絶されており、いかなる禁忌も存在していない。大きなプリクラ・ハウスではコスプレ用の衣装を無料で貸し出していて、そこに並べられている服を通して少女たちは、アニメのキャラクターであれ、どこか森のなかの古城に幽閉されているお姫様であれ、思い通りの人物に瞬間的に変身することができる。わたしが訪れたハウスでは、衣装戸棚のなかになんとナチスの制服までが並んでいた。ここに掲げたのは、わたしのゼミ生が制作したプリクラである。「かわいい」女の子が写っているからプリクラは「かわいい」のではない。それはあらゆる女の子を「かわいく」変身させてしまう、魔術的な装置なのである。

プリクラは二〇〇〇年あたりでパリやロンドンにも上陸し、それ以来、当地の少女たちに人気を呼んでいると聞いた。もっともそれがもっとも多様な発展を見せたのは韓国においてであっただろう。この整形手術大国では、それは修整写真の技術と合致して繁華街の写真館の目玉商品と化した。本書裏表紙に用いたわたしのポルトレがそれである。よく眺めていただきたい。背景にも眼のなかにも、星が描きこまれているのがわかるだろう。李御寧先生の顰め面が頭に浮かぶようだが、今やソウルの少女たちからが、日本伝来の「かわいい」縮み文化に夢中になっているのだ。

†フェティシズムの政治

あらゆる事物はミニュアチュールと化すことで、現世の時間秩序から滑り落ち、独自の無時間性を獲得することになる。それはたとえ歴史的瞬間を表象するものであったとしても、歴史から脱落してしまう。政治的動乱のさなかに発行された郵便切手をめぐって蒐集家が夢中になるのは、ひとえにこの矛盾を静止した痕跡をたよりとして、想像裡に追体験したいがゆえにである。だが同時にミニュアチュールは、それを見つめ夢想に耽る者の時間体験をも変容させてしまう。縮小された事物のコレクションを前にした蒐集家にとって、時間は外界と同じようには流れない。時間もまた内面化され、縮小されることになる。フィギュアを組み立て、完成した作品を前に夢想に耽る「内気な少年」は、気がつくと思いもよらぬ時間が経過してしまったことに驚く。それは疎外された時間の体験であり、小さいオブジェの外側で休みなく流れている時間の運動は、逆にオブジェが体現している永遠の静止によって強調されることになる。ひとたびミニュアチュールの内側に参入してしまった者は例外なく寡黙となり、言葉を喪失する。あらゆるミニュアチュールは対話を嫌う。

事物はどこまでも個人の夢想だけを原理として操作されることになり、騒音めいた外界は消滅してしまうのだ。

それではこうしたミニュアチュールをめぐる夢想に終焉が訪れるときは、ありうるのだろうか。小さなものはいつまで「かわいく」見えるのだろうか。この観念が思いがけずも破綻を迎えたとき、いったい何が起きるだろうか。その興味深い例として、内田春菊の漫画『南くんの恋人』（一九九二）を考えてみよう。内田は『波のまにまに』（一九八九）や『幻想の普通少女』（一九八七－九二）などで、前章で問題とした「かわいい」とグロテスクの関係について、本質的な洞察力を示した漫画家であるが、この作品では焦点を小ささに絞り、愛しあう少年と少女の間に横たわる政治について語っている。

図 8『南くんの恋人』
内田春菊『南くんの恋人』（文春文庫、1998、29頁）より

主人公の南くんは普通の高校生の男の子である。彼にはちよみと

いうガールフレンドがいるが、あるとき彼女が突然に縮小し、掌に乗るくらいの大きさになってしまう。南くんは驚くが、覚悟を決めてちよみをこっそりと引き取り、あたかもペットを飼育するかのように彼女と同棲することになる。南くんの保護がなければ片時も生きてゆくことができないちよみは、以前に増して「かわいく」見える。南くんは彼女のためにお椀に湯を入れて入浴させたり、洋服のポケットに隠して、そっと学校に連れて行ったりする。また安心して眠りこけているちよみの姿を眺めつつ、いけないことと思いながらもマスターベーションをしてしまい、それを彼女に告白したりする。どうやっても元の軀に戻るすべが見つからないちよみは、ひとたび絶望の淵に立たされるが、南くんの献身的な愛情によって、なんとか生きていこうと決意する。あるときちよみは予告もなく死んでしまう。南くんは小さな墓を作って、彼女の思い出に生きることとなる。

一九八〇年代の終わりごろ、まだ「オタク人種」なるものが世間的に注目を浴びていなかった時期に発表されたこの作品は、あっけないラストがいっそう効果を呼び、多くの読者に感涙を流させたものだった。ここには「オタク」が美少女を象ったフィギュアを手にしたときに感じる、外部の世界から隔絶されたところにある快楽と空想が、心憎いまでに先取りされて描かれている。とりわけ性的な夢想をめぐる少年の心理的動揺と、ときに破壊的な形を取らざるをえない性的衝動を語るにあたって、内田の筆は独自の冴えを見せている。だがその心象は、世代的なもの、年齢的なものとして限定できる性格のものではない。ミニュアチュールを前にした者が一般的に感じる「かわいさ」の諸相が、ここではさまざまな挿話を通して語られているのだ。しかも内田はそれでよしとはしない。彼女は小さなものを慈しむ人間一般が無意識的に訴えることになる、政治的支配関係についても、同様に鋭い眼差しを向けているのである。

南くんはちよみを愛おしくも可哀想にも思い、彼女に対し献身的な保護を申し出る。彼は自分の愛情が純粋にして無償であることを、信じている。だが内田は、ともすればその姿勢が男性による女性の支配の原型であることを、言外に示唆している。ちよみが健常者と同じ権利と欲望を主張し始めたとき、南くんは当惑し、ときに怒りに近い感情を体験する。「かわいさ」のベイルの影に隠されている、他者としての女性の存在に脅威を感じてしまうのだ。

小さなものをめぐるフェティッシュな偏愛は、その対象とそれを見つめる側との間に、好むと好まざるとにかかわらず成立してしまう政治性を抑圧する方向へと向かう。ひとたびこの事実を認めたとき、「かわいい」とはこの隠蔽の作業のために動員されてくる、イデオロギー的方便であることが判明するはずだ。人はミニュアチュールを契機として夢想に耽り、現実の風荒ぶ世界、歴史と罪障意識が跳梁する世界から逃れて、秘密のうちに親密さだけが支配する内側の世界へと逃避する。だがこの虚構の感情は、内側と外側を分割する二項対立の装置を信じきることによってのみ可能であり、ひとたび外部から予期せざる侵入者が越境し、内部を汚染しにかかるや、深刻な危機に見舞われることになる。「かわいい」という観念はこの危機を回避し、清浄にして安息感に満ちた内側の神聖さを保証する役割をはたしている。『南くんの恋人』が物語っているのは、少女の偶然の不幸をめぐるメロドラマなのではなく、小ささが喚起する「かわいい」現象についての政治的考察なのである。

第6章

なつかしさ、子供らしさ

前章では「かわいい」の属性のひとつである小ささを取り上げ、ミニュアチュールの心理学について分析を試みてみた。それでは次に、ノスタルジアと幼年期への思慕が「かわいい」をいかに構成しているかについて考え、その流れで日本の「かわいい」文化に見られる成熟への拒否という問題へ移っていくことにしよう。

†ノスタルジアと「かわいい」

ノスタルジアとはギリシャ語の「ノストス」（帰郷）と「アルゴス」（苦痛）を組み合わせた造語で、十七世紀のスイスで病理学の用語として考案されたものであった。この語は最初、傭兵として故郷を離れたスイスの青年たちが罹る、正体不明の疾患を示すために用いられた。本来は空間的隔たりに基因すると考えられていたノスタルジアが、実は内面的な喪失感に由来するものだと説いたのは、十八世紀のカントである。以後、この概念は臨床医学の場を離れ、もっぱら時間的な喪失感をめぐる人間心理の問題として考えられるようになった。この間の事情については、以前に「帰郷の苦悶」という論文(27)で克明に記しておいたので、関心のある方はお読みいただきたい。

今日ではノスタルジアは、いたるところに遍在している。日本人がまだ「清く、貧しく、美しく」生きていた時代を描いたフィルムや連続ＴＶドラマが評判となり、機会あるたびにレトロ趣味のファッションが云々される。山奥の温泉からヨーロッパの廃墟まで、観光業界は喪われし時代を歌いあげるのに忙しく、全世界のノスタルジアを総合した空間として、ディズニーランドがキッチュの巡礼の聖地として機能している。保守系の政治家は事あるたびに、堕落していなかった真性の日本に戻れと号令を飛ばし、骨董ブームは、今日では望むらくも得られない過去の職人技術が宿る家具や陶器を、大量生産される現在のそれと対比して、消費者に売りつける。アメリカの現代思想家であるフレデリック・ジェイムソンによれば、ノスタルジアこそは「後期資本主義の文化イメージの中枢」[28]であって、それは実際に生起した過去を語るというよりも、理想化された「過去的なるもの」を、ある特定の意味の含みのもとに語ることを主眼としている。その意味でノスタルジアは歴史の対立物であり、イデオロギー的に歪形を施された過去のステレオタイプから立ち上る感情であるといってよい。

ノスタルジアとミニュアチュールは相思相愛の仲である。ここでもスチュアートの『憧憬論』を参考にしながら、論を進めてみよう。

人はひとたび過ぎ去ってしまって、もう二度と戻ることのない時間を、けっしてそれ自体として対象化することができない。そこにはかならず物質性が介在する。具体的にいうならば、記念品、遺品、形見の品、家宝、三種の神器といったスーヴニールの類である。

いずれもがけっして大きくなく、むしろ手で運べる程度のものが多い。李御寧の「縮み」志向理論ではないが、事物は縮小されることによっていっそう強度を増すのが法則なのだ。人はこうしたスーヴニールを手がかりとして、過去の時間を観念として受け取り、そこに自分の、また国家や民族の純粋にして真性の起源なるものを定立することになる。こうしてノスタルジアが物質化される。

もっともスーヴニールは、こうした厳粛なアイデンティティの構築のためにばかり援用されるのではない。どちらかといえば、より個人的で小さな物語を発動させるきっかけとなることの方が多いかもしれない。多くの人にとってそれは、観光旅行に行った先のお土産屋で買い求める、著名な建築や民族衣装をあしらった置物であったり、絵葉書やスノウドーム、小さなヌイグルミのついたキーホルダーといった類のものである。こうした物体には、例外なくノスタルジアの香辛料がふんだんに用いられている。ミニュアチュールの特徴とは、しばしば細部が誇張されていたり、意図的な不均衡や不正確さが施されていることである。それは「かわいい」とともに、グロテスクでもある。要するに、端的にいって、みうらじゅんのコレクションでいう「いやげもの」（受け取ったところで嫌な気分にしかならない、悪趣味なもの）である。

観光地のギフトショップで販売されているものの大半は、実用を目的として製作されたものではない。それらは、消費者がその場所に実際に足を向けたという物語のための証拠として求められたものであり、帰宅した後に誰かに贈り物にするために買い求められた、いうなれば交換の儀礼としての価値しかもっていない。とはいうものの贈り物としてのスーヴニールも、結局のところ、自分のかの地への到来を他者に披露して確認してもらうための証拠であるかぎり、個人的な物語に貢献するものでしかない。だが旅行者には、どこかまったく別のところ（西欧でも日本でも、今では数多くのスーヴニールが中国製である）にある工場で大量に生産されているこうした安価で気軽なお土産ものを購入することが、なかば義務付けられた行為として必要とされる。なぜならばこの儀礼じみた行為をはたしてこそ、彼（女）の個人的内面はようやく物語を所有することが許されるからだ。これは実に奇妙な矛盾であるが、消費社会のイデオロギーが消費者としての個人の内面を後天的に形成してゆく、興味深い過程であるといえる。

　観光地ではしばしばスーヴニールが優勢のあまりに、かつてそのモデルとされた実用品が逆に駆逐されてしまうという、倒錯的な事態が生じることがある。デリー空港のショッピングモールでもタンジェの観光客向けの市場《スーク》でも、わたしはシタールや鞴《ふいご》のミニュアチュールこそ発見することができたが、お土産ものではない本物のシタールと鞴を見かけることは、絶えてなかった。こうした観光地の消費経済システムのなかでは、「かわいさ」

と小ささを狙った複製が、本来の伝統的実用品を排除してしまったといえる。

ノスタルジアとは過去を美化しようとする情熱であり、そのかぎりにおいて歴史と敵対する関係にある。歴史家は過去から現在へと連なる因果関係を探求し、それを客観的に証明してくれる資料を重要視する。だがノスタルジアに耽る者は、堕落と幻滅に満ちた現在を忌避し、現在とのまったき断絶の上に立って、美しかりき過去の映像に酔い痴れる。夢見られた過去とは絶対の距離のもとに隔てられたものであって、それゆえに光輝くものと化すのだ。博物館の標本から、ジョゼフ・コーネルの箱オブジェまで、すべてのものはガラス越しに眺められたとき、いっそうノスタルジックとなる。ノスタルジアとは隔たりの意識に他ならないからだ。

動機なき悲しみをともなったこの感情が猖獗を極めるためには、ひとたび過去と現在を繋ぐ靭帯が途切れていなければならない。ありし日の「大東亜戦争」を正当化する「歴史教科書」が日本で編纂され、社会的話題を呼ぶようになるためには、戦後半世紀という歳月が経過し、戦争の直接的記憶が風化される必要があった。過去の記憶を葬り去ったときにこそ、ノスタルジアは大輪の花を咲かすことができるのだ。そのきっかけとなるのは欠落の意識であるが、それはどのようなことをしても補塡することができない。したがってノスタルジアは論理的にいって、永久運動を続けることになる。精神分析家のジャック・

ラカンはこの間の事情を、「象徴は事物を殺すものとして現われ、死者こそが主体の内側に、欲望の永遠化を築きあげることができる」と説明している。[29]

では、こうしたノスタルジアの心象は、個人にあってはどのような形をとって現れるだろうか。国家が神聖な記念碑をもち、家族が往古の戦闘で獲得した家宝をもつように、個人は写真のアルバムやスクラップブックをもつ。アルバムにはほとんど例外なく幼年時代からの写真が整然と収められている。こうした人生の起源の写真が被写体のアイデンティティに真面目で重要な意味をもっていることは、幼い時分の写真を所有していない者が、所有している者よりも不幸で不運な存在であると世間的に考えられていることからも、明らかである。

はじめて女の子の部屋を訪れた少年は、母親が運んでくる紅茶をすすりながら、女の子が見せてくれるアルバムを説明付きで眺めるという、退屈な義務をはたさなければならない。なぜならば、それが彼女の理想化された起源であるからだ。「かわいい」という言葉は、このさい純粋に儀礼的な意味において用いられる。なぜ赤ん坊の映像が「かわいい」のか。それはそれが他ならぬ、ノスタルジアによって幾重にも結晶化された場所に設えられているからである。

アルバムに収録されている映像は、それ自体では過去ではない。それは最初は両親によって、次に本人によって編集され、再構成された映像のコラージュにすぎず、どこまでも現在という観点から眺められ、不純な夾雑物を取り除いた後にノスタルジックに構築されたものにすぎないためだ。個人がみずからの幼年期を素材に造り上げる無垢にして幸福な物語のシステムは、国家がみずからの起源として擁立する建国神話においても、同様の働きを行なうことになる。国家の幼年期も、例外なく純粋にして無垢に満ち、理想化の極致にある。

われわれの消費社会を形成しているのは、ノスタルジア、スーヴニール、ミニュアチュールという三位一体である。「かわいさ」とは、こうした三点を連結させ、その地政学に入りきれない美学的雑音を排除するために、社会が戦略的に用いることになる美学であると要約することは、おそらく間違ってはいないだろう。

なぜ幼子たちは「かわいい」のか。それは、彼らが起源の純粋さと神聖さを喧伝するさいに、もっとも効果的な隠喩だからである。ファシズム時代のドイツや日本のフィルムに登場する、生気溌剌とした少年たちの映像を想起してみると、それは容易く了解できる。なぜ旅行先でふと立ち寄ることになるギフトショップに陳列されているスーヴニールは「かわいい」のか。それは小さくて気軽に持ち運びできるものだけが、旅行を契機として個人の物語を構築してゆくさいに好都合だからである。なぜノスタルジアの視座に眺められたもろもろの事物は、「かわいく」輝いて見えるのか。それはこの感情が外界と内面とを峻別し、保護され、安息感に満ちた内面のなかではすべてが親しげで、無防備で、心地よい存在へと変容してしまうからである。大島弓子は機会あるたびに、記憶が薄れゆくはるか遠くの幼年時代が、突然に出現した「かわいい」少年によって喚起され、生気に満ちた現前として少女を幸福感で包み込むという物語を描いてきた。閉じられた世界、秘密めいた内密性のなかでは、すべての存在が対立を忘れ、「かわいさ」のなかに溶融する。

だが、この幸福さの映像に満ちた三位一体が、歴史という観念を犠牲にすることによって、はじめて達成されるものであることは、心に留めておく必要があるだろう。イデオロギーとしてのノスタルジアが「かわいい」に訴えるとき、何が与えられるかとともに、何が抑圧され否認されるかという問題を、われわれは忘れてはならないのである。

†未成熟に美を見出す日本文化

いささか抽象的な話が続いてしまった。ここらでギアチェンジをすることにしよう。

無垢にして汚れなき幼年期というのは、西欧近代がロマン主義とともに造り上げた神話のなかでも、とりわけ大きなものであった。子供とは大人のミニュアチュールである。この命題は身体的な尺度という意味と、子供の世界がそれ自体として自律しており、大人の現実世界からは隔絶されているという意味の両方において、正しいと見なされてきた。だが西欧社会ではこの幼年時代の親密さの神話と相反するかのように、子供はそれ自身としては未完成な何者かでしかなく、幾多の通過儀礼を経てこそ一人前の大人として社会的に公認されるという、成熟の観念が一般的であるとされてきた。ジェンダーも未分化なまま、幼げな子供として両親の庇護のもとにある者は、まだ充分に人間ではない。男女いずれかのジェンダーにまったき帰属をはたし、完全に成熟した存在となってこそ、人は人間と認められることになる。西欧社会がこうした暗黙の約束ごとを前提として成立していることは、すでに知らない者のない事実である。

だがこうした成熟の神話は、こと日本文化を対象としたとき、たちまち機能不全に陥ってしまう。そこでは小さなもの、繊細なものが愛でられるのと同様に、いまだ完全に成熟を遂げていないもの、未来に開花の予感を持ちながらもまだ充分に咲き誇っていないものにこそ、価値が置かれるという事態が、日常生活のいたるところで見受けられるからだ。日本人とは、人に花を贈るのに蕾を好んで贈る民族であるとは、しばしばいわれるところである。歌舞伎でいまだに声変わりをしない少年たちにあえて白波五人男を演じさせ、やがて彼らが成人して堂々たる立役者となる日を空想して愉しむという習慣は、おそらく世界の舞台広しといえども、日本に固有のものである。完成されたものをあえて遠ざけ、拙くも未完成のものを愛でるという美学を、日本人は長らく大衆的に享受してきた。

ちなみに第2章で名を掲げたリチーは、日本人が未成熟で子供じみたものにひときわ愛着を示し、みずからも子供っぽい自己イメージを進んで周囲に投影し提示したがることに触れて、第二次大戦後に日本を占領した連合軍総司令官マッカーサーが、「日本人は十二歳の国民である」と発言したことに言及している。この発言には従来さまざまな解釈がなされてきたが、マッカーサーの本意とすれば単純な憫笑であるはずがない。それは幼稚さゆえに自己決定を回避したいという妥協的態度によって纏め上げられる（あるいはそう演技する）日本人の行動様式への、外部からの印象に基づいている。その根底に、自分たちは子供のように弱く、無害な存在であるという日本人側の自己認識が横たわっていることを、忘れてはならない。幼稚であること、無害であることを通して隣人の警戒を解き、互いにその幼稚さを共有しあいながら統合された集団を組織してゆくこと。成熟し独立した人格を所有することこそが人間の本質的価値であるという社会から到来した征服者にとって、それは異文化に他ならなかった。

†『セーラームーン』はなぜかわいいのか

ここで本書の第1章で触れたアニメーション『セーラームーン』について、こうした未

図 9『美少女戦士　セーラームーン』
武内直子『美少女戦士　セーラームーン新装版①』（講談社、2003、73頁）より

成熟を志向する文化という観点に立って、若干の分析を試みてみよう[30]。

一九九〇年代初頭に月刊誌『なかよし』に武内直子が連載していたこの漫画は、やがてＴＶアニメ化されると、小学生の女の子を中心に爆発的な人気を呼び、さらに劇場用の長編アニメが製作された。ほどなくしてそれは、先に記したように、全世界的なブームを巻き起こすことになった。

『セーラームーン』の主人公は月野うさぎという、「ちょっぴり、ドジで泣き虫なフツーの女の子」（講談社版原作第一巻裏カヴァー）である。彼女はあるとき謎の猫を救ったことがきっかけとなって、自分が月の化身であり、地球を悪の手から守るために超能力を授けられた存在であることを教えられる。うさぎのクラスには、優等生すぎていたり、ツッパリだったり、霊能力に秀でていたりといったさまざまな理由から、級友たちの間で孤立している四人の少女がいる。実は彼女たちも、水星、金星、火星、木星の化身であるこ

とが判明し、かくして五人の少女たちは一致団結して悪と戦うことを誓う。うさぎには思いを寄せている地球マモルくんという少年がいる。劇場版アニメの一本では、五人はマモルくんを守るために奮戦するが、次々と力尽きて倒れてしまう。最後に敵を倒したものの昏睡状態に陥ったうさぎは、グリム童話の王子よろしく最後に登場したマモルくんに接吻されて蘇生し、物語はハッピィエンドとなる。

地球はつねに悪の脅威に脅かされている。ある物語では、宇宙の果てから到来した氷の女王がクリスマスに浮かれる日本の街角を襲い、通行人を全員凍結させてしまう。ただちにうさぎが駆けつけ、セーラームーンの呪文を唱えて美少女戦士に変身する。だが氷の女王の配下たちの魔力は強く、超能力に恵まれたうさぎですら手におえない。彼女が危機に陥ったとき、はるか上空から謎のタキシード仮面なる人物が登場し、悪の手下を退治するとうさぎを救出する。

退屈で凡庸な日常生活を送っている人物が、あるとき突如として変身して、世界を悪の手から救出するという設定は、『セーラームーン』に独自のものではない。一九五〇年代に日本にTV放送が開始されて以来、多くの連続アクションドラマは似たような設定をもっており、その源流を訪ねれば、ドイツ・ロマン主義の幻想文学であるホフマンからアメリカの『スーパーマン』まで、変身する英雄の系譜はたやすく辿ることができるだろう。

『セーラームーン』が興味深いのは、主人公の五人の少女が変身の後にいかなる活躍を見せるかではなく、悪を眼前にした彼女たちの変身にこそ語りの上で大きな力点が置かれていることにある。うさぎが神秘の呪文を唱え、右手で十字を切ると、たちどころにして眼前の風景は消滅し、超自然的な光と氾濫する原色に囲まれた宇宙が出現する。色彩という色彩、形状という形状が激しく回転し、変容してゆくなかで、彼女は普段の服装から解放され、一瞬ではあるが全裸のシルエットとなった後、新たに美少女戦士としてのセーラー服を着た存在へと変身する。この変身は、ロジェ・カイヨワが定義する意味での遊戯の四つの定義[31]を、すべて完璧に兼ね備えたものといえる。すなわち偶然、競争（闘争）、模倣、そして圧倒的な陶酔が、みごとに集約されて登場しているのだ。このアニメーションが小中学生の女の子に絶大な人気を得たことは、理解するに足りる。彼女たちはいずれわが身が体験すべき変身の期待に胸震わせながら、TV画面やスクリーンに見入っていたのだ。

　セーラームーンたちが戦うべき相手とは誰か。それは多くの場合、成熟した肉体をもった悪の化身としての女性である。彼女たちはつねにセクシーで、青、赤、黄、白といった原色の皮膚と巨大な乳房をもち、蛇や蜥蜴、蔓草と隠喩的な関係をもって、半裸に近い姿で地球に、あるいはその換喩であるマモルくんに襲いかかる。一方、それに対決する美少女戦士たちはというと清楚なセーラー服を身にまとい、そこからはいささかも性的なフェロモンは放出されない。彼女たちは男の子たちの眼差しのもとに、媚態として「かわいい」のではなく、みずから自足する構造体として「かわいい」を体現している。つまり知性、肉体、霊魂、愛情という、少女の美徳を構成する四元素と、その統合点にあるうさぎが曼荼羅に似た安定構造を形成することによって、善なるものを体現し、それゆえに「かわいい」のだ。『セーラームーン』にあっては成熟して性的な存在であることは、悪と同義語である。そして世界を真に救済できるのは、セックスとしては女性と区分されてはいるが（月野うさぎの苗字にある「月」は、思春期の開始である初潮を連想させる）、どこまでもジェンダー的に明確な分水嶺の手前に留まり、成熟を躊躇している少女たちである。

†ヘンリー・ダーガーの描く少女世界

『セーラームーン』の物語は、まったくの偶然ではあるが、二十世紀最大のアウトサイダー・アーティストとして知られるヘンリー・ダーガーの作品を強く連想させる(32)。

シカゴの貧困家庭に生まれ、幼くして孤児院に預けられたダーガー（一八九二―一九七三）は、七歳にして南北戦争について教師顔負けの知識を披露するほどの知性をもっていたが、生来の内気さから知的障害者と判断され、施設から施設を転々としながら、一生を病院の雑役夫として過ごした。

図10 ヘンリー・ダーガーの絵
ダーガーが描く少女たちは股間にペニスをもっている。
『アウトサイダー・アート』（求龍堂、2000、103頁）より

だが昼間の孤独で屈辱に満ちた生活を補償するかのように、下宿に帰宅して閉じこもったダーガーは、『オズの魔法使い』や『ハイジ』といった子供用の物語を読み耽り、空想のなかで少女たちとの語らいに時間を忘れた。やがて彼は、七人のヴィヴィアンガールズなる少女戦士が活躍する叙事詩的物語を書き続け、数十年かけてそれが一万五一四五頁で完成すると、今度はその挿絵の制作に取りかかった。ダーガーは自分がこうした創作活動にあることを、生前に誰にも漏らさなかった。彼の死後、部屋を開けてみた家主は、そこに積み上げられた原稿と奇怪極まりない少女幻想の巻物絵画とが、何十巻も遺されていることを知って、文字通り仰天した。

ダーガーがその生涯を捧げた物語は『非現実の王国、あるいはいわゆる非現実の王国におけるヴィヴィアン・ガールズの物語、あるいはグランデリニアン大戦争、あるいは子供奴隷の叛乱によるグラムディコ対アビエニアン戦争』の名をもった、荒唐無稽な内容の一種の叙事詩である。そこでは地球と瓜二つの別世界に二つの国家があって、互いに敵対状態にある。グランデリニアン国では子供は大人の奴隷として、日夜をわかたず迫害と拷問に苛まれている。もうひとつのアビエニアン国では子供は解放されており、人間としての自由を享受している。アビエニアン国の皇帝の王女たちヴィヴィアンガールズは、隣国の子供たちを救出するために、困難な闘いに向かう。彼女たちはいずれも五歳から七歳の金髪少女で、巨大な龍に跨り、グランデリニアン国の獰猛な大人の手から幼い犠牲者の救出に当たる。龍もまたときに少女に変身する。ダーガーは挿画のなかで、子供たちが処刑されたり身体を切断されたりする残酷な光景を、克明に描いている。推測するに、それは作者が幼少時に読み耽った南北戦争の物語の影響である。

ダーガーは美術教育どころか、満足に小学校教育も受けず、もっぱら独学で物語を執筆し、絵画を描いた。ある意味で大人として成熟することを拒否した芸術家であるといってもよい。彼は女友だちどころか友人知人さえもほとんどもたず、そのため男の子と女の子が身体的にどう異なっているかについて、充分な知識をもたなかった。彼が描いた絵画を見ると、裸身の少女たちの多くは両足の間にかわいらしいペニスを所有しており、それがあたかも当然であるかのように活躍を続けている。

ダーガーの遺した作品は、一九八〇年代の美術シーンにおいて、独学の画家や精神障害者の画家の作品が脚光を浴びるとともに注目され、その分野でのカリスマ的な地位を獲得するにいたった。わたしは彼が半世紀を孤独のうちに過ごした下宿屋のひと部屋を訪れ、遺された夥しい絵画作品と原稿の束、それに数十年をかけて制作された数十冊ものスクラップブックを見たとき、深い感動に襲われた。スクラップブックには、彼が街角やゴミ捨て場から拾ってきた新聞や雑誌に掲載されていた、「かわいい」少女のイラストや写真が、ところ狭しとびっしりと貼られている。ダーガーはこのアルバムを宝物のように珍重し、時を忘れて眺めると、霊感に満ちて物語を書き継いでいったのだった。

ダーガーの絵画・物語と『セーラームーン』とは、奇妙なまでに類似している。いずれもが、思春期のジェンダー的分割の手前に佇んでいる少女たちが、ある使命感のもとに団結し、凛々しい戦士となって巨大な悪に立ち向かうという物語において共通している。ヴィヴィアンガールズの七人が大人たちに向かって果敢にも戦闘を重ね、稚《いとけな》い子供たちの救出に腐心するように、セーラームーンの五人もまた、悪の女王をはじめとする成熟した女性たちの侵入に対して、断固として戦いを続けるのだ。

だが、それはかりではない。ダーガーの作品では、少女たちが絶望的な窮地に陥ったとき、どこからともなくキャプテン・ダーガーなる大人が出現して、彼女たちを救出し、勇気付け言葉を与えると、ふたたび去ってしまう。『セーラームーン』でこのキャプテンの役割を果たしているのが、タキシード仮面である。この大人の正体は不明である。一説には虚弱なマモルくんが一念発起して変身した結果であるともいわれているが、その真実のアイデンティティは曖昧にされている。ともあれ成熟を拒否して、悪の化身である大人たちと戦い続ける少女たちが、実は究極的には善なる万能の大人によって保護されている存在であるという矛盾を、二つの物語は共有している。成熟によって保護されたとき、はじめて未成熟は「かわいく」光輝き、世界を親密にして善に満ちたユートピアに変えることができる。最後に考えなければならないのは、こうした物語がアメリカにおいては、誰にも知られることなく秘密裡に執筆され、その公開が文化的なスキャンダルを呼ぶ反面、日本にあってはお茶の間で子供たちが、心ときめかしつつ毎週の放映を待ち望むアニメとして、高い視聴率を続けていたという事実の違いである。ここにも未成熟であることを肯定的に受容することが変質者の病的行為であると見なす文化と、永遠に子供であり続けることに公的な物語的価値を認める文化との、決定的な差異が横たわっているように思われる。

俵万智の歌にいわく「かまぼこのぴんくのえがおキティちゃんはいつか女になるのだろ

うか[33]」。

第７章

メディアのなかの「かわいい」

†「かわいい」女とは誰か

それでは日本のメディアはどのように「かわいい」について語っているだろうか。ここで四冊の女性雑誌を例にとり、そこで提示されている「かわいい」の映像を分析してみることにしよう。取り上げたのは、『Cawaii!』（主婦の友社、二〇〇五年八月号）、『CUTiE』（宝島社、二〇〇五年九月号）、『JJ』（光文社、二〇〇四年十一月号）、『ゆうゆう』（主婦の友社、二〇〇五年九月号）である。

あまたある女性雑誌のなかから読者の年齢層と社会的階層の違うこの四冊を選んでみたのには、それなりの理由がある。『Cawaii!』と『CUTiE』は題名からして「かわいい」に因んで名付けられており、雑誌が全体として提示している世界観が、「かわいい」女を中心に築きあげられていることが明白であると予想されたためである。『JJ』と『ゆうゆう』はけっして「かわいい」の語を前面に売り物にしているわけではない。だがこの二冊の号ではそれを特集記事にし、表紙に大きく宣伝している。想定される女性読者の年齢層は、大体の目安ではあるが、『Cawaii!』が十四歳から十七歳、『CUTiE』が十七歳から二十歳位、『JJ』が十八歳から二十二歳位、そして『ゆうゆう』が五十歳以上と考えていいだろう。

†雑誌『Cawaii!』が描く「かわいい」

『Cawaii!』はやたらと賑やかで騒々しい印象を与える雑誌である。大判の紙面は、ほとんどの頁がごちゃごちゃとした小さな写真の組み合わせになっていて、そこに細かく情報が小さな活字で添えられている。中心となるのは消費情報（「みんなが買っているもの、欲しいものを徹底リサーチ」）であるが、扱われている題材は多様である。ファッションから化粧の仕方、プールの利用法、海水浴、心理テスト、そして最初のセックスの仕方まで、およそ女子高校生が関心をもつ多くの事柄についての知識が、甘いものに蟻が集まるようなレイアウトのもとに、びっしりと書き込まれている。『Cawaii!』が読者に伝えたいメッセージはきわめて単純である。いかに「男のコ」を惹きつけ、彼にナンパされるか、だ。「かわいく」あることは、そのために女の子が心がけておかなければならない必要条件である。この雑誌は初めてセックスを行なうときのために、典型的なラブホテルと「彼の部屋」の見取り図までを図解し、段取

図11 雑誌『Cawaii!』（主婦の友社）

りまでを説明してくれる。

表紙に歌手の浜崎あゆみを大きくあしらっていることからも理解できるように、『Cawaii!』が読者に対して、理想の「かわいい」女性として提示しているのは、浜崎あゆみである。巻頭に置かれた特集では六頁にわたってAyuのインタヴューが掲載され、ピンクや黄色の原色の衣装を身に着けた彼女の写真が大きくあしらわれている。もちろんファッション雑誌の常套として、衣装やピアス、ネックレスといった小物がどこで売られているかについても、細かな活字で情報が載せられている。インタヴューのなかで浜崎あゆみは、十六歳だった十年まえに、創刊直後のこの雑誌をコンビニで発見し、友だちと「ワイワイ騒ぎながら買って帰った記憶が……。懐かしいっ!」と答え、「もし十代に戻ったら」と願望を語り、自分のファッションとメイクの原則や約束ごとについて、親しげな口調で語っている。ちなみに『Cawaii!』は女性の語り口をいかに文字言語に直すかをめぐって、句読点をはじめとするさまざまな工夫を行なっている。浜崎あゆみはあらゆる意味で、この雑誌の守護天使である。なぜなら『Cawaii!』によれば、彼女は最初は無名の読者でありながらアイドル歌手として頭角を現し、雑誌が発展してゆくのと並行するかのように今日のカリスマ的地位へ上り詰めた存在であって、読者が同一化すべきもっとも規範的なモデルであるからだ。『Cawaii!』が男の子の(被)捕獲法の副旋律として提示しているのは、無名の読者が突然に有名になるという夢想である。これは女性雑誌の常套手段であるといえなくもない。それは現実の高校生が本名と高校名をラベルのように付けられて、あちらこちらの頁に小さな映像で登場し、職業的なモデルとの意図的な混同がなされていることとも関係している。

だがこの雑誌をもっとも特徴付けているのは、十代後半の女性たちの「かわいい」ファッションを撮った夥しい写真の側に添えられているキャプションの、異常なまでに誇張された文体である。「バンビ eyes でモテ GAL ねらってますが何か?」「やっぱりセクシーにいくならアニマルが勝負っ!」「海ナンパされやすいスタイルはコレだあ!!」単語という単語を短縮化するばかりか、日本語の文字表記を思い切り攪拌させ、元気よさと決意、挑発の身振りを強く感じさせる。こうした文にもっとも近いものを見つけるとすれば、キャバレーの呼び込みかもしれない。『Cawaii!』がつねに舞台として提供するのは、読者の手近にある祝祭の状況(海水浴、花火、夏休み)であり、言語はそれに対応するかのように上機嫌な速度をもち、狩猟の情熱を掻き立てている。『Cawaii!』はこうした造語が読者の間の暗黙の共同体を形成できるように、わざわざ「ウチら語講座」なる誌面を設け、「セックス」という言葉を口にすることが「テレクサイ」読者のために、「テックス」という新語を提唱までしている。

なるほどファッションの映像の側には言葉が添えられている。だが「スポブラをMIXするのが、おしゃれGIRLの鉄則!!」といったキャプションは、衣服についての具体的で客観的な情報を読者に告げ報せるというよりも、むしろ彼女たちを扇動し、やみくもに消費へと向かわせようとしか目的としていない。ここで想起されるのは、第4章で名を挙げたバルトが『モードの体系』のなかで、「強いレトリックは文化的および愛情的記号意味論を大幅に拡大しているはずであるから、いっそう庶民的な階層に対応していよう」[34]と記していたことである。これは嚙み砕いていうと、社会的地位の高い階層に対応するファッション雑誌は、衣服についての材質や価格についての情報を、どちらかといえば素っ気なく提示する傾向が強い。それに対し、貧乏人のための雑誌はいろいろとイロをつけて、言葉のかぎりを駆使してゴチャゴチャと説明づけたがるという意味である。どうしてそのようなことが必要なのか。バルトによれば、そうした意味の含みが強くなればなるほど、映像はユートピア的に受け入れられやすくなるからである。そして雑誌に表示されている衣服が簡単に手の届くところにあるブルジョワジーにとっては、かかるユートピア的な化粧など、格別に必要がないのである。

†雑誌『CUTiE』が描く「かわいい」

『CUTiE』は表紙に小さくFor independent girlsと記されていることからわかるように、『Cawaii!』のように群なして男の子を探しにいくような女の子とは正反対の、「独立」した思考のできる読者を対象とした雑誌である。ここでは「かわいく」あることは、同年代の異性に向けられた挑発と媚態ではなく、もっぱら読者の個人的な内面にとって重要な、ライフスタイルの一要素であると考えられている。『CUTiE』の文体は先の雑誌と比べてはるかに落ち着いていて、どちらかといえば思索的であり、ある特定の読者にのみ語りかけるかのような選別的な演出が施されている。

図12 雑誌『CUTiE』(宝島社)

『CUTiE』は十把一からげで女の子を括ることをしない。この雑誌の根底にあるのは読者を分類し、それぞれの類型にふさわしい美学的アドヴァイスを与えることに尽きている。わたしが手にしている九月号の表紙では、評判の少女漫画『NANA』の映画版の主演女優二人が、背中を軽く重ねながら、異なった表情で正面を向いている。この姿勢は象徴的である。彼女たちは親しげではあるが、どこまでも自分が他に代替しようのない個別の存在であることを主張しているのだ。『NANA』は同じ名前をもちながらも性格も境遇も生き方もまったく異なった二人の少女を主人公とする物語で、『CUTiE』の読者層に大きく支持されている。本誌のなかでは二人の女優がインタヴューに答え、演技や衣装、演じた役柄と自分との関係などについて答えている。『Cawaii!』における浜崎あゆみの興奮した願望充足の言葉と比較したとき、彼女たちの発言が冷静で、どこまでも自分の個性と仕事の方向を熟慮した結果であることが強調されている。それが『CUTiE』が抱いている世界観であり、理想の女性の在り方であることが、端的に理解できる。

頁を捲っていくうちにさまざまな範疇化、分類化が、カタログのように展開してゆく。心理テストからCD、映画の紹介、スカウトとオーディションの情報まで、それは一貫している。夏服の秋への着まわしにかけて、girly 組と cool 組のどちらを選ぶか。男性を攻略するにかけては、読者はマグロ、シゲキスト、イージーファミリー、ヘビーラバー、魔性の五つのタイプのどれを選ぶことになるのか。もちろんこの雑誌の陰の主人公である広告もまた、同じ手法に訴えている。秋の流行スタイルは、ミリタリー、ネイティブ&ウエスタン、アイビー、ワークのなかから選択できるようになっている。分類の軸とされているのは、女性のファッションがいかに男の子的なるものを吸収してゆくか、年齢に応じた（あるいはそれを超えた）ものであるか、適度に非日常的な要素（軍隊や「エスニック」）

を漂わせているかといった点である。

こうした細分化された分類は、その中心に固有名詞をもったモデルを戴くことで、より強固で説得力をもつものと化している。なぜ人格が必要なのか。それは彼女たちが加藤ローサや土屋アンナといった身元（固有名詞）を明らかにされ、ひとたび内面をもった人格として定立された後に、ステレオタイプのその人格を溶融され、読者の同一化の対象として機能しなければならないからだ。モデルの日常生活を撮影したスナップショットが親しげに紹介される。読者はそれを手がかりにし、想像裡に彼女たちに自分を重ね合わせる。重要なのはモデルの人格の実質ではなく、彼女が人格として（休暇の、家族の、友情の）物語を生きているということである。物語こそが夢見られた同一化の対象なのだ。

『CUTiE』の読者は『Cawaii!』ほどに外交的でもなければ、集合的でもない。彼女は自分が映像化されたモデルを夢見ているように、誰か他人によって夢見られている自分という存在をみずから夢見て、ユートピア的な幸福感に到達する。「かわいい」とは男の子という他者の眼差しに応じたものではなく、どこまでも自分が自分に対して抱いている映像でなければならない。当然のことながら、そこではセックス記事は排除されている。わたしとは選抜された、希少な存在である。わたしが「かわいい」のは、わたしが群から離れ、特権的な差異のなかの住民だからだ。『CUTiE』がちょっと変わった「きらきらバッグ」

や「でかショルダー」を細かく紹介するのは、そうした細部の差異の集合体が人格化されたときにこそ「かわいい」が実現されるという、消費社会の約束ごとに従っているためである。

†雑誌『JJ』が描く「かわいい」

第3章でわたしは大学生たちのアンケートを纏めた結果、二十歳という年齢こそが「かわいい」が危機に陥る年齢であると記した。この年、とりわけ女子学生において、この言葉をめぐる懐疑と反撥が明確な形をとって出現する。もう「かわいい」とはいわれたくない。大人の女として、「きれい」なり「セクシー」と呼ばれたいという意識が台頭し、かといってこれまでの「かわいい」路線に完全に訣別することもできず、しばらくは優柔不断で未決定な状態が続く。『JJ』を取り上げようと思ったのは、この雑誌が『VERY』、『STORY』へと続く光文社の女性雑誌の系列にあって、まさにこの時期の女性を読者対象に設定しているからにほかならない。

「可愛い大人になりたい！」というのが、二〇〇四年十一月号の特集である。「かわいい」がもはや平仮名でもローマ字でもなく、漢字で記されていることにまず留意しておこう。表紙にはこの特集タイトルを補足するように、「姉の日 vs 妹の日　明日挑戦したいフェミニンなスタイル大集合」と註釈されている。「フェミニン」であることと「可愛い」であることは、こうして同義のものとして並置されている。

『JJ』はこの特集のために「大人可愛い」という造語を作り上げた。「秋の結論は、姉っぽい日も妹スタイルの日も〝可愛い大人〟です。大人っぽくても、〝女のコで良かった〟と思える華がないとね。」

ここでは『Cawaii!』の多幸症に生きることが年齢的にもはやできなくなったり、『CUTiE』に代表されるユートピア的無時間性に生きることが始めからできない転形期の読者のために、分裂したモデルが採用されている。従来の未成熟な少女の世界をファッショナブルに演じてみたいときには、「妹スタイル」に基づいて「正統派っぽいブーツに合わせ」たツイードミニが採用され、成熟した大人っぽい世界に参入したいときには、「姉っぽい」「ワイドめパンツ」が選ばれる。この選択は『CUTiE』のように人格やライフスタイルに関わるものではなく、どこまでも自在に変換がきく遊戯的なものにすぎない。「カラーツイードを取り入れて可愛く」が妹流であり、

図13　雑誌『JJ』(光文社)

「ベーシックカラーの大粒やラメ入りで辛口」が姉流である。ここでは「かわいい」と派手で大胆であることとが、一見対立して描かれている。だがより重要なのは、それが可逆的であるところに「フェミニン」の本質が横たわっているという立場であり、この指標に応じて読者が「かわいい」から自然に離脱して次の大人のステージに進むことが暗に勧められている。異性に対する挑発も、個性的な内面の夢想も、ここでは直接には重要と見なされていない。もはや祝祭すら言及されない。問題となるのは年齢の進行にいかに対応して、自分の日常のファッションをいかに築き上げていくかをめぐる思慮であり、それを軽快な遊戯として受け入れる世界観である。

†雑誌『ゆうゆう』が描く「かわいい」

『ゆうゆう』は、「五〇才から「私」が主役!」と表紙に刷り込まれているように、中高年齢層の女性を読者に想定した月刊誌である。これまで取り上げてきた三冊の雑誌と異なり、これはファッション誌ではない。心身の健康の維持を柱として、人間関係から料理、読書まで日常生活の全体を主題に選び、成熟と達観の眼差しをもとに編集された雑誌といえる。二〇〇五年九月号では「いくつになっても大人の可愛さが持てる人」という特集がなされている。

特集を構成しているのは、五人の著名人へのインタヴューである。そのうち女優の有馬稲子と画家（にしてジャズ歌手、女優）の水森亜土は、とりたてて「可愛い」について発言しているわけではない。この二人は自由にこれまでの人生を振り返って自由なお喋りを続け、雑誌は彼女たちがもはや若くない年齢であるにもかかわらず、いやそれゆえにますます元気に行動し、魅力的な人格を保ち続けているさまを、近況のスナップとともにきわめて肯定的に描いている。彼女たちは年を重ねてますます「可愛い」。それが年齢に負けずに幸福に生きてゆくことの秘訣なのだというのが、『ゆうゆう』が指し示す人生観であって、水森と有馬は『Cawaii!』における浜崎あゆみと同じく、読者が憧れ、規範とすべき

図14　雑誌『ゆうゆう』（主婦の友社）

「可愛い」モデルとして提示されている。

他の三人は、長い人生のなかで自分が知ってきた「可愛い」女性のことに言及し、この言葉が年齢や世代を超えていかに重要な意味をもっているかを、自分なりに説明している。たとえば作家の村松友視は、「可愛い」女性としてきまって思い出すのは幸田文であると語る。彼女のある挿話を通して、「可愛い」とは「すごく隙のない暮らし

をしているような人が、ふとした瞬間に垣間見せたシャイな姿」であるという指摘がなされる。村松本人は、自分が「可愛い」という言葉を用いるのは「柄に合わない」「ミスキャスト」だと考えていて、積極的に使うことはないと断りながらも、この言葉が「時代の中から生まれてきた」ことを認め、それに対する寛容さを披露している。フリーリポーターの東海林のり子は、「真摯に上手に年を重ねた人が、ふと見せる無防備な素」が「可愛い」であるとし、その例として森光子と淡谷のり子を挙げている。「年下の人間が「可愛い」と言っても、受け止めてくれる包容力」こそが「可愛らしさ」に繋がるという。最後にTVの製作者の石井ふく子は杉村春子の例を挙げ、「芸には厳しい」彼女が「いったん仕事場から離れたら、居眠りもなさる」ところに「可愛さ」を認めている。この三人は、その道で厳しいプロとして著名な年長者が、ふと垣間見せた無防備な姿を「可愛い」と語る点で、まったく共通している。『ゆうゆう』は、それを語る三人のシャイで率直な姿勢もまた「可愛い」と、言外に主張している。

ここで思い出されるのは、わたしの学生たちがアンケートのなかで、思いがけない失敗をしたときによく「かわいい」と人から呼ばれたと、回答していたことであった。一分の隙のない状況のなかで予想を越えて生じてしまった事態を無事に収拾し、秩序を回復するために、しばしばこの言葉は効力を発揮してきた。幸田文や森光子、杉村春子が失敗を通して「可愛い」のは、本質的にわたしの学生たちが「かわいい」と呼ばれたことの延長上にある。それは言葉を返していえば、日本人に特有の気配りの意識の反転であって、こうした著名な年配の女性たちを「可愛い」と呼ぶ者たちが、思わず緊張を解きほぐし安堵したことの証拠として、この言葉が使用されていると考えてよい。

こうした「かわいい」観は、第1章で引用した上野千鶴子のそれと、一見したところ正反対のものである。上野は「かわいい」とは女性が生存のために採用してきた媚態であると否定的に説き、「かわいいおばあちゃんになる」ことは、経済力と責任能力をもたない老人が誰かに依存しながら生きてゆくために考案した戦略であると、批判していた。『ゆうゆう』に紹介されている高齢者の女性たちは、その点で一生を通して経済的に自立し、いささかなりとも男性や子供に依存せずに現在の生活を享受することのできるエリート、いうなればカリスマ高齢者である。『ゆうゆう』は読者にむかって彼女たちをユートピア的規範として提示することで、高齢者が今日直面しなければならない矛盾と困難から目を逸らそうと試みている。

五人のインタヴューを通して明らかになるのは、次のようなことだ。すなわち「可愛く」あることを通してのみ、人は年齢を超えることができる。若さが過ぎ去った後の喪失感をゆうに凌駕する幸福に至ることができる。それは成熟と長いキャリアの末にふと訪れることになるささいな瞬間ではあるが、「可愛く」ないかぎり人は幸福になれない。「年を重ねてやさしくなり、感動体質に。私って若い頃より今が〝可愛い〟と思うのですよ」という東海林のり子の言葉に、すべては集約されている。だがもうひとつの真理が、ここで開示されている。誰かを「可愛い」と呼び、その「可愛さ」を信じることのできる者だけが、真に「可愛い」に到達できる存在であるということだ。そのために読者は、日常生活のなにげない状況のなかに「可愛い」を発見していくことが推奨されている。

†消費社会の「かわいい」神話

『Cawaii!』から『ゆうゆう』まで、いささか駆け足で日本の女性雑誌に目を通し、そこに言及されている「かわいい」について印象を述べてみた。それは年少者のある雑誌にあっては、身近な祝祭的気分のなかで「男のコ」を挑発し、こちら側へ視線を向かせるための戦略的媚態であり、別のある雑誌では、個人的に内面化されたナルシシズムの証左であって、大衆消費社会が消費者に求める差異の戯れがこの内面化には深く関係している。別の雑誌では、それは未成熟な少女から成熟した「大人」へと移行してゆくさいに克服すべき深刻な問題であり、「フェミニンなスタイル」を貫いて生きるために直視しなければならない課題である。そして中高年齢層を対象とした雑誌では、「可愛い」は長い人生の修練と経歴のすえに獲得することのできる叡智であり、高齢ゆえに到達できる人間的な幸福の記号と見なされている。こうして女性雑誌は「かわいい」という観念を機軸とし、それを異なった文脈においてさまざまに変奏し解釈することで、読者に幸福感を与え、彼女たちにつかの間ではあるが、ユートピア的な夢想を許すことになる。「かわいい」について語る者が「かわいい」であるように、「かわいい」について読む者もそれに劣らず「かわいい」存在なのだ。

「かわいい」を語るメディアが説いているのは、幸福感であり、消費主義であり、生理的年齢に対する精神の勝利である。また手の届くところに置かれた祝祭であり、選ばれてある「わたし」をめぐる秘密めいた快楽である。ではそこで隠蔽されているものは、何だろうか。それは消費の快楽に対立するもの、つまり一言でいうならば労働であり、歴史であり、雑誌の作り手と読者が作り上げる共同体の外側にある他者である。「かわいい」は現代の神話たりうるために、それらに取って替わる項目を、あたかも予防接種のように準備している。歴史の替わりにノスタルジアや「人生の経歴」が、他者の替わりに「エスニック」がここぞといわんばかりに顔を覗かせ、「かわいい」の伴奏を担当している。「かわいい」と称せられた人間は、なんらかの意味でステレオタイプを宛てがわれることになる。やっぱり女のコは、やっぱりフェミニティは、やっぱり人間は……という同語反復的な表現が機会あるたびに用いられる。なぜ女のコは「かわいく」なければならないのか。それは女のコだからである。なぜ成熟した大人は「可愛く」生きなければならないのか。それは成熟した大人だからである。「かわいい」を語るメディアは、程度と方向の差こそあれ、こうしてこの怪物と化した神話を前にして、「……らしさ」の映像を羅列することに忙しい。当然のことと見なされ喧伝される女のコらしさ、女らしさ、大人らしさの、無限のカタログが読者を取り囲む。

「かわいい」の神話が特定のメディアによる虚偽の喧伝によって考案され、読者を騙している表現は、正確ではない。また『Cawaii!』の編集者と執筆者の大半が男性であるとか、『ゆうゆう』の出版社が戦時中に国家主義と深い関係にあったとか、また『CUTiE』の編集者の全員が女性であるといった事実を指摘することは、神話について何も意味のあることを語ったことにならない。神話とは、バルトによれば本来的に誤認であり、あらゆる不自然なものに自然の衣装を被せる意味論的体系であるためだ。なるほどメディアは読者を扇動し、挑発して、消費への欲望を喚起させる。だが読者が純粋に受動的で留まっているかぎり、メディアは生き続けることはできない。メディアが存続を永らえるためには、その受け手の側からの積極的な働きかけが必須であり、彼女たちの支持と加担をもってはじめて「かわいい」の神話が双方の共同作業として成立するのだ。

『Cawaii!』と『CUTiE』は、一見したところ正反対のヴェクトルによって動機付けられているように思える。前者は誰もが買うものをみんなといっしょに買うことを、大声で呼びかける。後者はより洗練された戦略の枠のもとに、個人の内面に満足がいくように選択された製品の購買を訴えるが、結局それにしても誰もが買うものであることは間違いがない。読者はこの戦略に加担することで、夢想することの幸福を体験する。いずれの場合にも、女性雑誌が差し出すファッションは、一般的な読者にとって（その経済水準はさておき）極端に誇張され、類型化されたものであって、彼女たちはその映像の氾濫を前につねに不充足感を体験し、自分が宙吊りにされているような気持ちを経験する。

喚起された欲望がここで軽い擽《くすぐ》りをもたらすが、その快感に打ち勝つことは容易ではない。読者がそこに提示されているモノを実際に購入するかどうかは、実のところさほど重要なことではないかもしれない。より重要なものとは、彼女たちがそのモノの映像が満載されているメディアを買うことであり、その行為を通して消費社会によりいっそう組み込まれることとなのだ。このとき、メディアの生産者と受容者の対立を越えて、すべての状況に覆い被さるように君臨するのが、「かわいい」の神話である。

女子学生たちが日常的に思考し体験している「かわいい」という観念と、女性雑誌というメディアを通して増幅され、消費社会のイデオロギーとして君臨している「かわいい」

の神話の間には、第3章、第4章で見てきたことを比較してみるならば、大きな差異が横たわっている。だが、それらは厳密にいって二項対立を構成しているわけではない。学生たちはメディアを通して消費情報を敏感に受け取り、それを契機としてみずからの「かわいい」観を形成する。彼女たちはメディアが差し出す規範的人格に同一化をしたり、メディアが提示する類型化を横目で眺めながら、「かわいい」自分にナルシシックな幸福を感じたり、「かわいく」あるべき自分と現実の自分との間で思い悩んだりする。また「かわいい」を拒絶して、より高度な成熟を備えた別の自分の映像を想像したりもする。ボードリヤールが『物の体系』で語っていることだが、その関係は子供とサンタクロースのそれに似ていなくもない。子供はいささか知恵をもつようになると、もはやサンタクロースの実在を素朴には信じなくなる。かといって彼はやはり、クリスマスごとにサンタクロースから贈られてくるプレゼントを心待ちにしている。(35)「かわいい」をめぐって女子大生とメディアの間にも、同様の関係が横たわっているといえる。そしてメディアはそうしたクライアントの状況をいち早く察知し、より周到な類型化の戦略を練って、新しくより魅惑的な「かわいい」映像の生産に向かうことになる。

第８章

「萌え」の聖地

†「萌え」とは何だろうか

「萌え」とは何だろうか。この言葉がアニメや漫画の愛好家の間で頻繁に用いられるようになったのは、二〇〇三年あたりのことであった。読売新聞には、この新しい流行語について「本来は「芽が出る」という意味だが、最近のアニメやゲームを中心とする「おたく」の世界では、特定のキャラクター、または制服や眼鏡、関西弁などキャラクターの一部分の要素に対し、深い思い入れを抱いて心が奪われる状態を指す言葉として使われる」という解説がなされている(36)。

もっともこの言葉が誕生する以前から、くだんのキャラクターへの偏執的な感情移入は、ファンの間では当然のこととして考えられてきた。『新世紀エヴァンゲリオン』(一九九五)のヒロインである綾波レイも、『機動戦艦ナデシコ』(一九九六)のホシノ・ルリも、『真月譚 月姫』(二〇〇三)の月姫も、彼らの憧れの対象として特権化されてきた。同性異性を問わず、実在でない人物をめぐる偏愛は、けっして近年に考案されたものではない。ギリシャ神話に登場するピグマリオンからホフマンの『砂男』の大学生まで、美少女の人形に恋をして身を滅ぼした者は、枚挙に暇がない。「萌え」はさしずめ、大衆消費社会のヴァーチャルリアリティにおけるピグマリオン・コムプレックスの発現であると見なすことができる。

「萌え」はつねに不充足をともなっている。本来が実在しないものをめぐる接近行為であるから、映像として所有することはできても、けっしてその実体に到達することはできない。その欠損を埋めるためファンは空想に訴え、対象をめぐるプライヴェイトな物語の主人公たろうとする。対象をミニマルに象ったフィギュアが蒐集され、それでも空隙を補塡できないと知ると、みずから対象を模倣して祝祭的な自己提示に向かう。「コスプレ」、すなわち costume play と呼ばれている仮装変身がそれに当たる。

†ジェンダーにおける「かわいい」問題

これまで三章にわたって、「かわいい」を構成しているちいささ、なつかしさ、子供っぽさといった要素について考え、美とグロテスクの狭間にあるこの広大な領域のあり方を覗きこんできた。その際、気にはなっていたがあえて通り過ぎていた重要な問題がひとつあった。ジェンダーのことである。「かわいい」文化は、われわれが生れ落ちたときからこの社会のなかで宛てがわれている性差と、どのような関係にあるのだろうか。「かわいい」ものに接近し、同一化しようとする欲望が、「萌え」という言葉を与えられて具体化の道筋を選ぶとき、男性と女性とでは、どのような違いが生じるのだろうか。

すでに第2章で見たように、アンケートの結果に鑑みると、大学生の男子と女子の間では「かわいい」をめぐる態度について、決定的な違いが見受けられる。多くの男子にとって「かわいい」とは、何よりも女性に対して自分の側から投げかける言葉であり、自分が「かわいい」と呼ばれることは当惑すべき事態でしかない。それに対して多くの女子は、何よりも自分が「かわいい」存在となるために、「かわいい」グッズを身の回りに買い集め、この言葉が男子によって投げかけられる機会を待っている。彼女たちは自分が「かわいい」存在であることを認めてもらうために、お互いに「かわいい」と呼びあい、目に触れる多くの事物に対して「かわいい」を連発する。言語はここでは意味作用を司るというよりも、相互交換を暗黙に義務づけられた儀礼的行為と化しており、その儀礼を通して彼女たちは小さく親密な共同体への帰属を確認しあう。

男性と女性の「かわいい」観の違いは、彼（女）らが夢中になっているアニメや漫画の性格を比較してみたとき、いっそう露《あらわ》となる。男性向けに描かれている漫画のなかで、主人公の少女たちは凜々しげな表情と巨大な乳房をもち、肉体的には成熟していながらも幼げにして男性に従順であり、男性側から提案された性行為をけっして拒むことがない。女性向きの漫画では逆に、中性的な雰囲気をもった貴公子が少女を誘惑し、彼女をユートピア的な愛の王国へと突然に拉致してしまうという物語が、繰り返し描かれることになる。

主人公の少女に関しては、自分の未成熟さをいつも気にかけており、つまらない失敗を気にかけては安堵するという、子供っぽさが強調されている。もちろん以上は典型であって、いくらでも例外を指摘することはできるだろう。またマニアはいくらでも異なった嗜好を主張することだろう。だがジェンダーの違いによって、「かわいい」と見なされ価値付けられている異性の映像はまったく異なった表象のもとにある。それを中心としてさまざまな版権商品が製作され、消費される。また漫画同人誌の集団が集結するコミケットでは、消費者と生産者の二項対立が曖昧と化した巨大な空間が現出し、さらなる映像の氾濫が行なわれることになる。

†東京「萌え」スポットを歩く

ひと夏の間、閉じこもってこの書物を執筆していると、だんだん気が滅入ってきた。「かわいい」について書くことは、けっして「かわいい」ことではないのだ。そこで気分を変えて、炎天下の東京を散歩することにした。目的地は秋葉原と池袋サンシャイン付近。いわずと知れた、都内有数の「萌え」スポットである。もっともこの二つの場所は対照的な性格をもっている。秋葉原はもっぱら「オタク」と呼ばれる、漫画・アニメの細部に拘泥し蒐集を生きがいとする男性たちの街であり、片や池袋サンシャイン付近では圧倒的に女性が多く、少女文化における「萌え」のメッカとなっているという。この二カ所を同時に訪れてみれば何かがわかるのではないかと、予想を立ててみた。ただアリストファネスがプラトンの『饗宴』のなかで指摘しているように、世界にはヘテロの男性・女性のいずれとも異なるゲイなる人々が存在する。彼らの「萌え」のためには、新宿御苑のすぐ脇に二丁目という、世界有数のゲイゾーンが準備されている。日が暮れたらこちらに廻ることにしよう。というわけで都合、都内三カ所の周遊とあいなった。案内役を買ってでてくれたのは、このあたりの地理に滅法詳しい、わたしのゼミ生たちである。

†秋葉原のオタクは美少女キャラに夢中

秋葉原は長い間、中小企業を主体とした家電産業で栄えた街だった。戦後日本の復興とテクノロジーの驚異的な発展に応じて、ラジオからステレオ、そしてパソコンへと、扱う商品は次々と変わってきたが、ソフト、ハードのどちらにも強い街として、その盛名は世界に鳴り響いている。映画監督のゴダールにも来日の際、京都見物をさておいて、まず秋葉原に駆けつけたという逸話が残されている。店舗のほとんどは中小企業であり、無線好きの少年が小さな真空管ひとつを探しに来ても、職業的にそれに丁寧に対応するというところがあった。そのため六本木や新橋のように、大企業が広告会社と結託して街角を統一的に塗り替えるということは、この街では起きえなかった。

秋葉原の街角にアニメの女性主人公をあしらった巨大な看板や壁画が目立つようになったのは、一九九〇年代の終わりであったとされる。その頃から家電屋が少しずつ漫画・アニメ専門店へと鞍替えしていくようになった。やがて古本漫画と同人誌を一手に取り扱う書店が次々と店を構え出し、ポルノチックなゲームやらフィギュアの自販機の並ぶ店が出現するようになった。街角が変化してゆくにつれて、そこに足を向ける人々にも変化がはっきりと窺えるようになった。

図15『もえるるぶ』（JTBパブリッシング）

JRの秋葉原駅を出てすぐのところにアキハバラデパートがある。ここの書店には「オタク」の悦びそうな漫画やTVゲーム攻略本、画集などが平積みにされている。そこで最新版の『もえるるぶ　東京案内』を買い求め、それを頼りに街角を歩くことにする。しばらく歩き出してわかったことだが、街角にはほとんど女性らしき人影がない。通行人の大半が若い男性で、それも大きなバッグや紙袋を抱えながら一人で歩いている。バッグのなかは仕入れてきたばかりの戦利品、つまり漫画やフィギュアである。眼鏡をかけた肥満体で、誰とも口をきかずに黙々と蒐集に熱中するというのが、長い間にわたって「オタク」のステレオタイプ像であったが、まさにそれにそっくりの若者が何人も歩いている。

大通りの両脇には美少女系の漫画はもとより、アニメ、フィギュア、コミック同人誌の専門店が軒を並べている。平日だというのに、どこも賑わっている。せっかく来たのだからと、大量に同人誌を買っていく客がいて、自家製の漫画を売りに来る客がいる。百円玉をいくつかいれると、ガチャポンと呼ばれ、なかに組み立て式の簡単なフィギュアが入ったプラスティックの球体が出てくる自動販売機がズラリと並んだ店があり、ガラスケースのなかに精緻に設えられた美少女ものフィギュアが、大事そうに陳列されている。DVDをはじめとする「かわいい」グッズは路上でも売られている。思いがけないことだったが、この街には乞食の姿が目立つ。大通りをひとわたり歩いただけでも、十人ほどを見かけた。

どこに行っても男ばかりである。唯一カップルを見かけたのは漫画専門店の地下にあるアダルトもののコーナーで、どうやら台湾から新婚旅行かなにかで東京に来た男女であるようだった。もう一カ所例外だったのは、コスプレをした上でプリクラができるという場所で、ここでは逆に男子禁制の指示があった。中学生らしい少女たちが三人、愉しそうに声をたてながら撮影ごっこに興じていた。だがそれ以外の場所では、女性の姿を見かけることはなかった。

何軒かの漫画書店とアニメ専門店をまわって少し疲れたので、噂の「メイドカフェ」なるところでお茶を飲んだ。白いエプロンに蝶ネクタイ、黒いロングスカートといった制服の少女たちが、ハーブティーを給仕してくれる。二十世紀初頭の欧米の、ブルジョワ家庭のメイドをモデルとして作った服装のようだ。メイドカフェは、山ほどの戦利品を抱えたオタクたちが抱く、妹のような少女に相手にしてもらいたいという願望に応じて設けられた喫茶店である。場所によっては「おかえりなさい」と挨拶をするところもあるらしい。わたしの隣の席では、客の一人が手に入れたばかりのフィギュアをカウンターに載せて、ウェイトレスに得意げに説明している。彼女は彼の話を、いかにも優しいお姉さんといった風に受けとめ、相槌を打っている。

†池袋に広がる「腐女子」同人誌ワールド

池袋サンシャイン付近の雰囲気は、秋葉原とはまったく異なっていた。JR池袋駅からサンシャイン60通りに入ってしばらく、シティホテルや映画館の並ぶあたりはいわゆる普通の若者の盛り場といった感じである。カップルがたらたらと歩いていたり、茶髪の女子高校生が小さな群を作って路上に屯していたりする。

それが高架道路を横切ったあたりで、雰囲気が微妙に変化する。バッグをもった女性が一人で歩いている姿が目立ちはじめる。ビジネスビルの間に、まんだらけ、K-BOOKS、アニメイトといった漫画アニメ専門店が軒並み店を連ねているのだ。多くの店は女性向き漫画を専門に扱っていると、店頭に謳っている。制服姿の少年たちが二人、リンゴと羽ペンをもっていわくありげな微笑を浮かべていたり、鼻と鼻を突き合わせ、接吻スレスレの姿勢を決めているといった漫画風のイラストが巨大に拡大されて、店の入口や壁に飾られている。同人誌を「どこよりも高く買います！」と大きく告知する店があり、コスプレ用と思しき白と黒のコスチュームが店頭に吊るしてあったりする。いよいよ噂の「乙女ゾーン」に入ったのだ。わたしを案内してくれた女子大生によると、ここに出入りしている女性たちはあえて自分たちのことをシニックに「腐女子」と呼ぶことを好むが、外部の者が同じ呼称を用いる場合には強く反撥するという。

サンシャイン60があった場所は、明治中期以来刑務所（拘置所）だった。戦後しばらくはGHQに接収されて「巣鴨プリズン」と呼ばれ、東京裁判のA級戦犯たちがここに収容されていた。その場末が一九七〇年代末期になって再開発されて、時代の先端をいくビルとなり、水族館やら上映ホールをもった多層的空間に生まれ変わった。空間の隅々にまで家電屋の手垢がついているといった感のある秋葉原と違い、池袋のこの地区は整然としたオフィス街であり、立ち並ぶ建築物には時間の痕跡がいささかも見受けられない。ここが秋葉原に拮抗しうる、女性の「萌え」の聖地となったきっかけは、今から数年前、アニメイトの池袋本店ができたことであった。それに誘われるようさまざまな漫画アニメ店が集まり出した。いずれもが女性もの中心ということで、共通している。なるほど街角にほとんど男性の姿を見かけないのも、これで原因が推測できた。ここは女の子の「オタク」が獲物を買い漁る空間なのだ。

一軒の漫画同人誌専門店に入る。客筋はもちろん女性ばかり。地味目の服装の女性が一人で真剣に探し物をしている姿も、ちらほらと見かける。店頭にガラスケースに入って有名同人誌が陳列され、新刊が平積みされているのを別とすると、あとは薄っぺらい同人誌が何千冊も、細かな項目別に分けられて棚に整理されている。いわずと知れた「やおい」系、つまり少年たちの同性愛をモチーフに、女性が空想を膨らませて執筆したアマチュア漫画である。「手塚治虫もの」とか、週刊少年誌で話題を呼んでいる『テニスの王子様』のパスティシュあたりはなんとか見当がつくが、「ルフィ受け」「ゾロ受け」といった細かな項目は何のことだかわからない。同行の学生に尋ねてみると、これは「カップリング」、つまり男どうし二人がゲイの関係にある漫画の下位区分で、ルフィやゾロといったキャラクターを転用拝借して、彼らが「受け」、つまり男性同士の性行為において受動の側を演じる類の同人誌だけを集めたコーナーだと教えられた。

　こうした同人誌のレヴェルでは、大手の漫画雑誌と違って執筆者と消費者の弁別をつけることがしばしば困難であり、また場合によって不必要ですらある。いずれもが女性であることは間違いないが、執筆する側が他人の作品を大量に購入する蒐集家であることがありうるし、蒐集家があるとき思い立ってＧペンを握ることはいくらでもある。書店は単に作品を売るばかりか、顧客の作品を買い上げて、店の棚に陳列することで、機能している。それにしてもモチーフ別に細分化された同人誌の量には、驚くほかない。飛びぬけて優れた作品や、他を制してベストセラーになる作品があるわけではない。ここに集められた全ての同人誌は互いにひどく似通っていて、凡庸な匿名性を担いつつ、女性の側から見た「男の子たちのかわいさ」を反映している。

　フィギュア屋を覗いてみると、美少女ものの傍らに、着物姿の美少年が真剣をもって構えているものがあったり、日本版のドルズハウスのための和食や地方料理のミニュアチュールが売られていたりする。一般的に男の子はフィギュアを、女の子は人形を集めるものではないかと予想していたのだが、実際にはそう簡単に区分けすることはできないようだ。漫画同人誌の店と比較すると、客筋は華やいでいる。「オタク」というステレオタイプに挑むかのようにあえて派手でカラフルな服装をし、数人でやってくる向きもいる。秋葉原

図A

図C

図B

図16　図Aの戦闘美少女は秋葉原、図B、Cの猫耳ものは池袋にて購入。ジェンダーによって「かわいい」の図像に微妙な違いがある。

図A：『舞・HiME ディスティニー・プリンセス』(『月刊アニメージュ』2004年８月号、徳間書店、© SUNRISE) より
図B：『TODAY'S KITTY』(K2COMPANY) より
図C：「VOICE OF GARDEN」(『robot 3』所収、ワニマガジン社、©MIGGYY) より

の男の子にはない傾向だろう。店内をしばらく回り、ほとんど無数に続いてゆく印象を与えるキャラクターデザインのカード、キーホルダー、フィギュア、マグネット、バッジを眺めていると、かつて路地裏にあった駄菓子屋の玩具が形を変え、より統合的な資本のもとに復活したものではないかという気がしてくる。日本人のミニュアチュールへの偏愛が、ここに如実に表れている。小さいもの、壊れやすそうでどこか懐かしいものが、陳列棚のいたるところに溢れかえって、通り過ぎる客に「かわいい」媚態を見せているのだ。

†男性と女性のゲイは何に萌えるのか

新宿二丁目の規模は、秋葉原や池袋と比較したとき、きわめて限られた狭い一角という印象を与えるかもしれない。だが四〇〇軒のゲイバアと八〇軒のレズバアを誇るこの場所は、世界最大の規模のゲイゾーンとして、国際的にも有名であり、凝縮された空間にさまざまなスポットが犇《ひしめ》きあっている。もっとも今回のわたしの訪問の目的は、ゲイについて論じることではない。男女を問わずゲイが「かわいい」といかなる関係をもっているかを、先のふたつの「萌え」の聖地と比べて考えてみることである。

前もって消息通に聞いておいたところ、アニメや漫画のキャラクターをディスプレイに活かしたゲイバアやレズバアは、現在のところないとのことだった。あるアイドルグループの男の子にお熱をあげているバアの主人が、壁という壁に彼の写真を貼り付けている店はあるらしいが、「萌え」を積極的に売り物にしているところはないようである。だがメインストリートにある何軒かのショップを廻ってみると、ニョキニョキと林立する巨大な張り形や田亀源五郎のマッチョ漫画、デブ専ヴィデオに混じって、「かわいい」グッズは氾濫していた。男性の勃起したペニスを象ったキーホルダー、キャンディー（「チンポ3兄弟」という）、マカロニ。オッパイの形をしたパーティグッズ。並べられている商品の色調は、全体にピンクと肌色が多い。もちろんキティちゃんやウサコフレンズといった、一般的なヌイグルミも、ゲイの旗であるレインボーカラーの旗の脇に置かれている。こうしたグッズを開発することにかけては、もっぱら男性ゲイが積極的であり、レズビアンのための特製「かわいい」グッズは発見することはできなかった。もっとも漫画や印刷物を見るかぎり、そこにはハードコア系の男性の映像とは別に、「かわいい」少年少女の漫画風イラストが見受けられた。

図17 新宿二丁目で買い求めたレズビアン情報紙『ANiSE』。表紙はやはり「かわいい」カップル。

ここに図版を掲げた『ANiSE』は、現在は惜しくも廃刊となってしまったが、レズビアンのためのよろず入門・相談・情報交換の雑誌である。漫画から投稿のイラストまで、女性の同性愛を主題としたものが満載されているが、それは池袋で売られている「やおい」系同人誌とはモチーフは異としながらも、冷たく隔たりをもったスタイルにおいて通じ合うものがある。それは秋葉原で販売されているアダルト系エロ漫画のなかのレズビアンの映像とは、まったく異なっている。もう一冊、『少年冒険倶楽部』はあきらかに男性ゲイを対象とした漫画誌で、表紙には「かわいい」少年たちが描かれている。ここに収録された漫画は、ゲイが正面きって描かれていることを別とすれば、コミケットに出しても少しもフシギはないスタイルをもっている。ただしそれは性器と性行為を明確に描き、女性漫画家が描く「やおい」系の気だるいロマン主義的美少年漫画とは、まったく異なった話法・スタイルをもっている。私は以前、パリで漫画をめぐるシンポジウムに参加したときに、日本のゲイは女性漫画家が描く美少年を見て性的に興奮したり、また好んでそれを読むことがあるのかと、尋ねられたことがあった。いや、彼らは彼らなりに別のゲイ漫画という範疇をもち、それを享受しているのだと答えておいたのだが、どこまで相手が日本漫画の複雑な事情を理解してくれたかはわからなかった。いま改めて思うことは、執筆者と消費者に応じて日本の漫画が実に細分化され、それぞれの範疇において独自のスタイルと話法を発展させてきたという、驚きに満ちた事実である。ここでも池袋と秋葉原のときと同じように、棲み分けが瞭然となされていた。男性と女性のゲイが「かわいい」をめぐって同じ映像を共有することはなく、両者の間には無関心だけが流れているような印象をもった。個別に検討するならば、いくらでも例外は発見できるだろうが、それは置くことにしよう。日本の漫画研究は開始されてまもないが、いずれ誰かがこの分野について斬新な論考を発表してくれる日を待ちたいと思う。

†「かわいい」文化の多様性

駆け足で三つの場所を廻ってきて感じたのは、そのあまりの違いだった。同じ「かわいい」文化という言葉でひと括りにできないものが、そこには頑強に横たわっている。秋葉原と池袋とは消費者のジェンダーによってまったく異なった雰囲気をもち、異なった商品の流通する空間である。男が女に対して抱き、フェティッシュな投影をやめない「かわいさ」は、女が男に求め、夢想のおカズとする「かわいさ」とは、まったく水と油の関係にある。同様の事態は新宿二丁目においても指摘できる。ゲイの男が抱いている男性の映像は、女性漫画家が描くそれとは何の関係もないし、レズの女においても同じことがいえる。彼らはお互いに無関心であり、交差しないように見受けられる。ただ全体を通して、「かわいい」ものがいたるところで意匠として用いられていることは事実である。

残念ながら「かわいい」とジェンダーの関係については、それがいかに異なっているかを指摘する以上に、本書では言及することはできない。いずれ場所を変えて、より深い次元での分析が試みられるべきであろう。唯一いえることは、男性であれ、女性であれ、いずれか一方の事情だけを特権的に取り出して、世代論的な検証を行なうことには何の意味もないということだ。美少女についてファナティックに論じた書物は少なくないが、その大部分は女性がかかる戦闘美少女の形象にいささかも関心がなく、場合によっては憫笑さえしているという事実に無頓着であり、「やおい」について論じた女性側の文章は、現実のゲイの男性が、そこに表象されている美少年系ゲイの映像にいかなる違和感、不快感を抱いているかに気がついていない。ジェンダーにおける「かわいい」の問題は、まずこうした比較検討の分析から開始されなければならない。

第９章
「かわいい」、海を渡る

†海外に進出する「かわいい」文化

アミとユミは人気絶頂のロックスターである。アミは元気いっぱいの楽天家で、ユミはクールな皮肉屋。二人は専用バスに乗りこみ、歌ったり踊ったりしながら世界中を旅してまわる。ときにはエイリアンと演奏するはめになったり、ストーカーのファンに追い駆けられたり、ヴィデオゲームの世界に迷いこんだりと、冒険また冒険がはてしなく続く。『ハイ！ ハイ！ パフィー・アミユミ』はアメリカで二〇〇四年に製作され、アメリカ最大のアニメ専門チャンネルで放映が開始されるや、たちまち小学生を中心に大人気を呼ぶこととなった。パフィーは一九九〇年代後半の日本では、奥田民生作曲によるビートルズのパスティシュ音楽を歌って話題を呼んだ、女の子二人組のポップグループだった。メンバーが結婚し、母親となったあたりで日本での活躍を聞かなくなったと思っていたところ、なんとアメリカにわたって活躍しているとわかった。彼女たちの歌を聴いて夢中になったアメリカの製作者が、TVの子供用アニメ番組の主題歌を任せたところ、これが話題を呼んだ。そこでいっそのことパフィーを主人公にした連続アニメ番組を作ろうという話になったわけである。アニメのなかのアミちゃんとユミちゃんは、いつも大きく口を開け、目を見開いたり細めたり、多幸症そのものの表情を見せて、歌ったり、叫んだり、驚いたりしている。彼女たちの映像は日本人でもアメリカ人でもない、無国籍性を体現している。二人は世界中のステレオタイプに満ちた風景のなかを、元気よく駆け抜けてゆく。製作者のアメリカ人には日本のアニメを充分に意識して、意図的にそのスタイルを踏襲する向きが見られるが、日本人の目からすれば、アニメそのものは日本とアメリカの中間的な混淆物といった印象を与える。パフィーのアニメキャラクターが世界中で繰り広げる珍妙な道中記は、奇しくもスチュアート・ホールが現代文化の一傾向であるグローバライゼーション（中国語では全球化）について語った以下の言葉の、文字通りの具体化であるように思われる。

図18 アメリカ製アニメ「ハイ！ ハイ！ パフィー・アミユミ」

グローバライゼーションは、分離されていた地球上の様々な領域が一つの創造的な「空間」のなかで交差するようになる過程である。西洋に支配された時間帯・時間枠のなかに個々の社会の歴史が召還され、空間と距離がくっきりと区分けしてきたものが様々な連結（旅行、通商、征服、植民地化、市場、資本や労働、商品、利益の流通）によって繋がった結果、「内部」と「外部」を明確に区別することは次第に不可能になっている(37)。

「内部」と「外部」、すなわち日本社会の内側と外側の境界がしだいに曖昧になってきて、多くの事物と映像がその間をいとも自在に通り抜けて変容と増殖を重ねてゆく。「かわいい」文化が一九九〇年代からこの方、さまざまな次元でのハイブリッド化を通して体験してきたのは、まさにそのような事態である。漫画、アニメ、コンピューターゲーム、Ｊポップといったさまざまなジャンルを通して、日本のポピュラー文化の海外への浸透と普及は留まるところを知らない。それらを統合し、その根底にあるのは、いうまでもなく「かわいい」の美学である。ここではそのもっとも大規模な発展例として「ポケモン」と「キティちゃん」の例を取り上げてみることにしよう。

†ピカチュウとキティちゃんの世界制覇

一九九八年、劇場版アニメ『ポケットモンスター　ミュウツーの逆襲』が完成したとき、それをロードショー公開したアメリカの映画館は三〇〇〇を越した。当然それは興行成績一位に躍り出、ポケモンは雑誌『ニューヨーカー』で、その年にもっとも影響力のあった人物（キャラクター）に選ばれた。ヴィデオゲームと連動したポケモン人気は留まるところを知らず、任天堂はポケモン関係で五〇〇〇億円以上のビジネスを扱うまでになった。

この現象を報じた社会学者の浜野保樹[38]は、ポケモンの大ヒットの原因として、ディズニーが開発したキャラクター・ビジネスの継承がアメリカの子供たちに受容される枠組みを与えたとしながらも、もう一方で日本の子供文化中心市場のなかで「磨き上げられたキャラクターのかわいさ」を指摘している。「大人らしく振る舞うことを強制される欧米と異なり、日本では「かわいい」といった特性が大人になっても容認され」ていると、氏は論を続けている。本書を読んでこられた読者には、すでにこの間の事情は説明するまでもないだろう。ポケットに入る小ささのモンスターであるポケモンと、その相棒のピカチュウの特徴である、ヌイグルミに似た触覚性、子供っぽさ、優しさ、親密さは、基調となる探求放浪物語と相まって、国籍文化を問わず子供たちに強く訴えたのだ。

現在日本のアニメーションは、「かわいい」をめぐって、それなりにハイブロウで複雑な探求を続けてきた。押井守の『攻殻機動隊』以降のアニメ作品は哲学的言説の積み重ねから、崇高さと「かわいい」という、西欧の美学では論理的に相容れない二つの美学の統合を実験的に目指している。また宮崎駿はノスタルジアに満ちた舞台装置に少女を配することで、「かわいい」を国民文化として謳い上げることに忙しい。そうした状況のなかでポケモンは、もっとも低い水準に焦点を定めることで、巨大な産業を構築するようになったのである。

日本のアニメ産業は第二次大戦後、アメリカの影響を受けながら本格的に開始されたが、二〇〇〇年を迎えた時点ですでに全世界のTVアニメ生産本数の六〇%を超えるまでになっている。国内消費はわずか一〇%ほどであり、残りの九〇%は輸出用である。それが貿易収支において占めている位置は、対米輸出だけをとってみてもすでに鉄鋼産業の四倍近い額であって、きわめて大きいといわざるをえない。「かわいい」産業は今や日本経済のなかで無視できない重要性を担うにいたっている。ポケモンは図らずもその尖兵となったのである。

もう一つの例であるキティちゃんについては、すでにアメリカの研究者の手になる書物までが刊行されている。本書の第1章で名を挙げたベルソンとブレムナーである[39]。

キティちゃん(ハローキティ)は、サンリオが一九七四年に考案した仔猫のキャラクターである。本来の設定ではロンドン生まれ。優しい家族と親しい友だちに恵まれたキティちゃんは、ピアノを弾いたり、パンを焼くことが好きで、よく森のなかで遊んでいる。黒点だけの単純な両眼、黄色い鼻、赤いリボンをしているが、口は小さくて見えない。頭部が胴体と足を合わせたよりも大きく、手足には指も爪もない。ドラえもんが男の子を示す青ならば、キティちゃんは女の子のための色、すなわち赤と白を基調としている。キティちゃんは「かわいい」のすべての要素を満たしている。単純で無害な表情。子供が好む優しさ、丸さ、心地よさ。彼女に纏わる物語は、日本の大衆文化の典型である西洋崇拝に満ちたものであるが、まもなく忘れられ、今日の世界的ブームのなかではもはや誰も思い出す者はいない。

最初に考案された時、キティちゃんはほとんど注目を引かなかった。日本で爆発的なヒットとなったのは一九九六年前後であり、ほどなくしてブームは東南アジアへと波及していった。それは二〇〇〇年前後にはアメリカに及び、少女を終えたばかりといった年齢のスターや歌手が、一風変わったお人形としてその魅力に捕らわれ、それをトレードマークにすることが流行した。NY42丁目の角にサンリオ専門店が開店すると、その一人であるリサ・ロペスがキティちゃんを讃えて歌を歌った。彼女はキティちゃんの傍らに並び、お揃いのリボンを着けたところを写真に撮り、CDジャケットの表紙に用いた。こうしてキティちゃんは次々と世界制覇を続け、知名度においても販売数においても、スヌーピーをはるかに引き離すことになった。

キティちゃんは現在、世界六〇カ国で販売され、それに関連する商品は五万点に及んでいる。人形はもとより、シール、文房具、ステッカー、カード、タオル、アクセサリー、バッグにいたるまで、少女たちはキティちゃんの描かれた小物を争って求め、互いに贈りあう。サンリオはキティちゃんを中心に、自社のあらゆるキャラクターを集合させた「サンリオピューロランド」を多摩センター前に築きあげ、日本人のみならずアジア中の旅行客を誘致するとともに、ユーロ・エイズと組んで、エイズ撲滅のための啓蒙的メッセージをキティちゃんに語らせるTシャツを製作したり、マクドナルドをはじめとするさまざまな企業とタイアップして、子供を中心とした消費社会の中枢を占めるまでにいたっている。アメリカではそれは、しばしば攻撃的な対抗文化がパロディとする格好な餌食と化し、中国では無許可の海賊版キティちゃんが氾濫している。先に掲げた研究書によれば、アメリカの少女たちはほぼ十二歳位でキティちゃん離れを起こし、見向きもしなくなってしまう。だが東アジア、とりわけ日本の女性にはそうした訣別の現象はなく、成人してからもキティちゃんを愛好する者がいくらでもいる。さらにそこに幼少時へのノスタルジアが絡み、日本のキティちゃん人口は年齢層が広い。年間二兆円に及ぶ日本のキャラクター商品市場にあって、キティちゃんは売り上げでも人気でも一位であるが、その受容のされ方には微妙な差異が横たわっていることが、この事実からも判明する。

†「かわいい」は日本独自の美学なのか

「かわいい」が海を渡り、グローバル化が進行してゆく世界にあって国境を越えて受容され、巨大な娯楽産業として発展していった例を挙げてみた。それではこうした動向は、日本文化の流れのなかでどのように位置づけられるのだろうか。「かわいい」は日本文化に深く根ざした特殊なものであるがゆえに珍重されるのだろうか。それとも世界中の人間が享受しうる、ある種の文明的普遍性をもっているがゆえに、彼らに受け入れられるのだろうか。以下ではこの問題をとりあげてみたい。

明治以後、急速に西洋的近代化を成し遂げてきた日本にとってもっとも重要なことは、西洋列強の眼にみずからがどのように映るかという問題であった。未開の蛮族と思われないために鹿鳴館が設けられ、西洋音楽が軍隊と教育制度に組み込まれた。同時に日本の文化的独自性を証明するために、前近代から存続している文化のいくつかに焦点が投じられ、それが日本を体現する真性の高級文化として、海外に喧伝されることになった。この文化ナショナリズムの傾向は、第二次大戦で日本が敗北した後、それ以上に顕著となった。だがこうした伝統主義とは近代化以降に、どこまでも他者の眼差しを契機として、歴史的に形成されたものにほかならない。歌舞伎、浮世絵、陶磁器、着物といった具合に、江戸期の庶民にとって「伝統」とはとうてい自覚されていなかった大衆文化が、内面化されたオリエンタリズムを媒介として、純粋にして高級な文化遺産へと、イデオロギー的に作り変えられていったにすぎない。

一方、近代化のなかではじめて成立した大衆文化には、こうした純粋化は要請されなかった。新派、洋食、映画、漫画といったジャンルは、欧米文化との接触によって生じたものであり、日本を正統に表象する文化とは長い間見なされてこなかったばかりか、知識人によって言及されることも稀だった。それが幸いしてか、こうしたジャンルは欧米文化との積極的なハイブリッド化を軽々と行なうことが許され、「伝統的」制約に捕らわれることなく、次々と新しいスタイルへと発展できることになった。なるほどそれらはひとたび欧米の文化的ヘゲモニーに圧倒され、稚拙な模倣から出発したが、やがて徐々にその状態を脱して、独自のモダニティを発揮するまでになった。たとえば一九三〇年代のハリウッド映画は若き小津安二郎をフェティシュに魅惑したが、彼はそこから出発して、ハリウッドとはまったく対照的な手法の監督として大成した。ディズニーは手塚治虫に決定的な影響を与えたが、今日のジャパニメーションの興隆は、彼を克服すべき象徴的父親とすることで達成された。

ちなみに現在、「かわいい」文化として日本から世界に発信しているものの大半は、この近代以降の大衆文化が発展したものだ。

こうした現象を、欧米を巧みに飼い馴らして利益を得るに長けた日本文化と見なすだけでは不充分であって、そこに現実に働いていた文化的混淆性にこそ焦点を当てなければならない。同様の事態は、現在も東アジアでは日常的に生じている。今日の香港映画や韓国映画はハリウッドからさまざまな霊感を授かりながらも、まったく独自のスタイルをもったジャンルとして完成され、向かうところ敵なしといった動きを見せている。

一九八〇年代までの日本を悩ませていたのは、「ジャパン・アズ・ナンバーワン」と他者から綽名されるまでとなった経済力と、日本から発信できる文化力との間の不均衡であった。なるほど日本はトランジスタラジオからウォークマン、カラオケまで、テクノロジーを駆使したハード商品を世界に売ることには成功したが、そのウォークマンで聴くことのできる自前の音楽、つまりソフトな文化商品を海外に普及させるまでには至っていなかったのである。先に述べた高級文化としての日本は、ごく少数の芸術家や知識人が特権的に鑑賞するものではあっても、大衆的な受容にはほど遠かった。

一九九〇年代に入って、情勢が変わった。香港が汎アジア的な規模の衛星放送を開始したことに象徴されるように、グローバルな巨大メディアが産業として出現する。冷戦体制の崩壊も手伝って、国境を越えて流入する労働者、移民、観光客は飛躍的に増大する。アジアのいたるところに近代都市が建設され、社会のなかで豊かな中産階級の層が増大する。国家の規制を超えて市場と資本が統合されてゆき、それに見合う新しい消費者層が台頭する。こうして国家の枠組みでは統制できないコミュニケーションが、情報、映像、文化商品の次元で拡大していく。東アジアでのこうした動向は、結果的にアメリカがこれまで携えていた文化的覇権を相対化する契機となった。最初にこの波に乗じて乗り出していったのは日本であったが、二〇〇〇年代に入ると韓国、台湾、香港、中国、シンガポールといった国々がそれに続き、それぞれの社会での大衆文化に攪拌と混淆をもたらすようになる。「かわいい」文化が大手を振って海を渡るようになったのには、こうしたグローバル化の状況が前提として横たわっている。キティちゃんも、千尋も、ピカチュウも、いうなればグローバライゼーションの子供たちなのである。

†日本臭さのない日本文化

メディア学者である岩渕功一は、こうしたグローバル化した状況に乗じて外国へ出て行く日本の文化商品は、「文化的無臭性」を属性として帯びることになると説いている。(40) 具体的に彼が想定しているのは、ハード面ではカラオケとウォークマン、ソフト面では村上春樹の小説や押井守の『攻殻機動隊』といったアニメである。こうした文化商品は一見したところ、日本や日本文化を表象しているように見えない。眼に見える形で日本を感じさせる記号はほとんどないし、日本をめぐって外部が作り上げてきたステレオタイプの映像とも明確に距離を取っている。ウォークマンがいかに全世界に普及したとしても、それは日本というローカル文化の価値観を提示したことにはならないし、ハルキの『海辺のカフカ』はもはやどこでもない町での、民族への帰属を超えた少年の物語として世界中で消費される。世界市場を目指すとき、日本はその代償として日本臭を消すという戦略を採用してきたと、岩渕は分析している(41)。

この文化的無臭性という考えは、ある一定の限定さえ設けるならば、多くの事柄を説明してくれる。なぜ無国籍的な舞台装置をもつ村上春樹の小説が十数の外国語に翻訳されているのに、土着性の強い中上健次の小説がそれほどまでの人気を海外で持ちえないのか。なぜ韓国ドラマ『冬のソナタ』に主演したヨン様が、日本の中高年齢層の女性に絶大な人気を博しているのか。こうした疑問を考えるうえで、民族やローカル文化の記号の不在という切り口はかなり説得的な力をもっている。

だがグローバル化された世界にあってすべてのヒット商品が文化的無臭性を湛えているかというと、事情はそう単純ではない。アメリカから発信されるハリウッド映画とファーストフードは強烈にアメリカの文化臭に溢れ、アメリカ的なライフスタイルを至上のものとして肯定するというイデオロギーに満ちているにもかかわらず、日本を含め東アジアで若者文化の中枢に位置しているし、昨今の香港映画や韓国映画は強烈なローカル色を前面に押し出すことで、日本でも強烈に支持されてきた。日本のアニメを例にとっても、『ちびまる子ちゃん』には、ノスタルジアに満ちた「日本らしさ」が前面に主張されている。文化的無臭性という概念だけでは、こうした事象の多様性を説明できないのであって、やはりここには文化商品と受容する側の社会の文化状況との間の近接性（もしくは隔たり）が、相関的な要素として考慮されなければならない。

話を「かわいい」文化に絞って考えてみよう。はたしてキティちゃんやピカチュウは、純粋に文化的に無臭なものとして海外で受け入れられているのだろうか。またウォークマンやカラオケはどうだろうか。先にキティちゃんの受容年齢が、アメリカと東アジアとでは大きく異なっていることを指摘しておいた。この事実が物語るのは、キティちゃんがけっして完全に無色透明な存在ではなく、それぞれの文化によって異なった受容のされ方をもつ、異文化からの到来者であるという事実である。それはこの仔猫の人形にあからさまな形で日本を示す記号が付着しているかどうかといった問題ではありえない。また、受容者がそれが日本製であることを事実として知っているかという問題とも次元の異なる現象である。真に問うべきなのは、その社会が少女の成熟と未成熟とをどのように分節化し、価値付けているかということに、大きく関わっている。

このとき、キティちゃんを単に限定された幼年期の玩具として以上にある近しさのもとに受け取ることのできる文化として、東アジアの国々のもつ独自性が浮かび上がることになる。同様のことは、『ちびまる子ちゃん』と『ドラえもん』が欧米ではさっぱり不審だが、東アジアでは絶大に歓迎されていることからも指摘できる。「かわいさ」に特徴付けられた日本商品を消費するにあたって、世界の全ての地域が同一の「かわいさ」に共鳴しているわけではない。ある社会ではそれは子供部屋に限定されたイメージにすぎず、別の、とりわけタイのようにミニュアチュール文化に長けた社会では、より日本に近い形で大人が積極的に慈しみうる文化として受け止められることになる。わたしは以前に各国での『セーラームーン』受容の微妙な差異について言及したが、諸外国で消費されているキティちゃんの間に横たわっている微妙な偏差、ハイブリッドな歪形のあり方を分析していけば、この間に事情はより明確になるはずである。

ここでわれわれは究極的な問題に突き当たることになる。それは、「かわいい」とははたして日本に独自の特殊な美学であって、それがグローバル化の状況を受けて、全世界に普及することになったのか。それともどこまでも人類（というといかにも大げさに聴こえるが）に普遍的な美学であって、たまたま日本でそれをめぐる言説が生じ、文化商品の開発が進んだというのにすぎないのか。特殊か、普遍かというハムレット的選択の前に、われわれは立たされることになる。

一方の論者はいうだろう。フランスが革命精神を、アメリカが民主主義を普遍原理として世界に提示してきたように、日本もまた唯一にして独自の文化が育て上げてきた、ミニュアチュールと未成熟を肯定する美学を、全世界に向けて啓蒙すべきである。それが日本の文化的貢献ではないかと。この主張は粗雑な形で語られると、凡百の文化ナショナリズムに陥ってしまう危険がないわけではないが、現在日本の文化状況のなかでかなり支配的な動向、すなわち日本こそが世界を先導し、世界は日本に追従すべきであるという、グローバルパワー理論を「かわいい」論に適用したものである。

もう一つの立場に立つならば、日本の「かわいい」は、世界の他の文化に横たわる「かわいい」を覚醒させたにすぎないとされる。欧米にしても東アジアにしても、「かわいい」という的確な形容詞こそ口にされていないものの、いたるところにミニュアチュールのスーヴニールは存在している。幼年時代をめぐるノスタルジックな感情を物質化しておきたいという衝動は、人間心理に普遍的なものである。日本発の「かわいい」商品はそれを喚起し、消費の欲望として覚醒させたにすぎないというのが、この立場の主張である。

ここで想起されるのは、やはり『陰翳礼讃』を著した谷崎潤一郎のことだ。彼がこの書物を発表する以前にも、もちろん影というものは（それこそ人類が火をアフリカで発明して以来）存在していたし、ジョルジュ・ド・ラ・トゥールやF・W・ムルナウのように、陰影に美を認めた芸術家が存在していなかったわけではない。谷崎はそれに美学的な枠組みを与え、影を統合的に審美的な対象として眺める眼差しを、日本という立場から発信したのである。この書物が現在も世界中の映画人の間で読まれ続けていることの意味はそこにある。

残念ながら本書では、これ以上この論争に立ち入ることができない。というのもそれは突き詰めてみると、「かわいい」現象を離れて、従来から対立している二つの文化観、すなわち伝播論か原型論かという、宿命的な問題に帰着してしまうからである。われわれの前にあるのは、日本の国内国外を問わず、ただ圧倒的なまでに猛威を振るう「かわいい」の氾濫であり、その多様なあり方である。ただわれわれに確認できることは、「かわいい」が美学として洗練され、文化商品として全世界に氾濫するにいたった過程とは、一九九〇年代のグローバル化というきわめて歴史的な要因に基づいたものであり、それを受容し消費する側もけっして一枚岩ではなく、微妙な文化的差異を携えながら「かわいい」に向き合っているという事実である。

エピローグ

「かわいい」の薄明

†アウシュヴィッツの「かわいい」壁画

「かわいい」について最初に構想していたのは、かつて九鬼周造が南フランスに滞在中に執筆を開始したという『「いき」の構造』（一九三〇）のパロディのような形で、書物の構成ができないものだろうかということであった。だが実際の探求を始めてみると、とてもそれが無理だということがわかった。九鬼は「いき」を美学として論じるにあたって、その構造を内包的と外延的に峻別し、表現を論ずるにあたっても、自然的と芸術的を区別して、それぞれについて整然とした考察を施している。

だが「かわいい」の場合には、江戸期の花柳界というきわめて限定された時空にあって成立した「いき」とは違って、比較にならないほど雑多な要素が入り込んでいる。それは美とグロテスクの境界領域にあり、小ささや未成熟、なつかしさといった性格をもつばかりではない。日本文化のなかに綿々と流れる一傾向でありながらも、今日のグローバル化された世界にあって文化産業の巨大な原理と化している。「かわいい」は一方では、他者依存のための戦略としての媚態であると解釈され、もう一方では、少女たちにおける意味作用に結実する以前の指示行為、すなわち「かわいい！」と指さして叫ぶという身振りそのものと考えられている。それは、かかる身振りを儀礼として受け止めることでなされる親密な共同体の確認行為である。加えてジェンダーによって「かわいい」はまったく異なった貌を見せる。大衆消費社会のなかで男が抱いている「かわいい」イメージと、女のそれとは、多くの点で相反するところ多く、彼（女）らがそれを求めて足を向ける場所も異なっている。

こうした多面的な様相をもった「かわいい」に立ち向かうさいには、「いき」のように、順序だてて樹木の根源から先端までを辿るような思考法では役に立たない。必要に応じて蛇行したり、逸脱を繰り返しながら、四方八方に蛸のように足を伸ばして攻めてゆくしかない。本書が一見錯綜した印象を与えるとすれば、それはプリンツ九鬼とわたしの才能の圧倒的な違いはさておいて、こうした「いき」と「かわいい」が社会のなかで置かれている位置の違いに基因している。

書き残したことは多い。問題の所在を突き止めたままではいいが、それが充分に展開されているとはいい難い部分もある。いずれ読者のうちから、どれでもいい、ひとつの章を取り出して、専門的に論文を執筆してくださる方が輩出することを待ちたいと思う。

最後にわたしは、きわめて個人的な体験ではあるが、一九九〇年代の初頭、まだポーランドが社会主義体制から脱却してまもない頃、オシュフェンチムに旅行に行ったときの印象を書き記しておきたい。

オシュフェンチムは第二次大戦中はナチスの第三帝国に占領されて、アウシュヴィッツというドイツ語名が与えられていた。強制収容所は現在は博物館となっていて、ナチスがユダヤ人に加えた残虐行為のひとつひとつが、夥しい陳列品をともなって説明されている。収容されていた人々が着用していた服とトランク、義足、鬘《かつら》、入歯、さらにガス室で集団で殺害された彼らの死体から製造された石鹸までが、部屋ごとにガラスケースの向こう側に展示されている。二〇メートルにわたって、刈り取られた毛髪ばかりを集めた展示もあった。すべてを見終わった見物客は、地下にある食堂で、当時のユダヤ人が食べていたのと同じ食事を口にすることができる。訪問客は最初のうち、わたしを除いていなかったが、途中からキッパ（ユダヤ教の信者が被る小さな帽子）を頭に被った高校生たちが何十人と入ってきた。どこから来たのかと尋ねてみると、テルアヴィヴからだと一人が英語で答えた。イスラエルの高校生たちは、法隆寺の宝物殿を訪れる日本の修学旅行の高校生のように、騒がしくわたしの前を通り過ぎると、バスに乗って、次の目的地へと行ってしまった。

部屋から部屋へと移って行くときわたしが感じていたのは、予想されたような衝撃ではなかった。それはむしろ既視感に似た気分だった。こんなことを記すと不謹慎に思われるかもしれないが、ある種の退屈さまで感じていたというべきかもしれない。無理もない。

フランクルの手記『夜と霧』からサミュエル・フラーの戦争映画『最前線物語』(一九八〇)まで、わたしはそれまでの人生にあって、いくたびとなくアウシュヴィッツの映像を目の当たりにしてきたのだ。展示されている遺品と遺体の数々に驚きを受けるというよりも、より醒めた眼で、この博物館がいかに社会主義体制にあってソ連による解放を讃美する方向で作られたか、その稚拙なプロパガンダの修辞にばかり眼が行った。

だが洗濯所のところまで歩いていって、わたしは思いがけないものを眼にした。その壁にはいかにも「かわいい」表情をして軀を丸め向かい合っている仔猫が二匹、描かれていたからである。さらにその隣には、これも天使のようにあどけない表情をした少年と少女が、仲よく水溜りを眺めている絵柄があった。また少年たちが馬に乗って河を渡っている絵や、他にも子供の絵があった。もちろん当時は落書きが許されるような状況ではない。それが一定の方針のもとに収容所側が描いた(あるいは被収容者に描かせた)壁画であることは、瞭然としていた。連日のように苛酷な労働に疲れたユダヤ人たちは、この一連の絵をどのような気持ちで見つめていたのだろう。ここには収容所の入口に掲げられた「労働は自由への道」という標語の、さらに先をゆくアイロニーがあるように、わたしには感じられた。

強制収容所を考案したドイツ人たちがけっして未開の蛮族などではなく、ゲーテをこよなく愛し、モーツァルトの弦楽四重奏を巧みに演奏することのできた文明人であったことは、アウシュヴィッツ以降を生きる者の居心地をつねに悪いものにしてきた。いかに洗練された芸術や哲学にしても、かくも残虐な民族絶滅計画を押し留めることができないどころか、むしろ平然とそれと共存することができたという事実は、美学的な醜聞としてわれわれの前に残されることになった。だがわたしはこの洗濯所の壁に描かれた仔猫と子供たちの絵を見てしまったときから、さらに複雑な懐疑に捕われることになった。いかなる「かわいい」映像もアウシュヴィッツの残虐行為と平行して存在しうる。いやむしろ、それが円滑に進行するように、加害者の側からその無垢にして純真な似姿を犠牲者にむけて差し出すことができるのだ。この事実を受け入れることは辛いことだったが、ひとたび見てしまったものを拒むことはできなかった。もし壁に描かれていたのが鉤十字であったり、ユダヤ人を貶《おとし》めるための、ステレオタイプに満ちた諷刺画であったとしたら、どれほどわたしは気が楽であったことだろう。だが眼の前にあったのは、わたしが幼年時代に親しんでいた、キャラメルの外箱に描かれていたのとほとんど変わることのない天使的な微笑であり、東京の街角を歩けばどこででも眺めることのできる、「かわいい」仔猫ちゃんの絵柄だった。

同じころ、日本では、一九七二年に連合赤軍事件で大量の同志を殺害した女性が獄中で

図19 アウシュヴィッツの洗濯所には、仔猫やら少年の絵が描かれている。犠牲者たちはどのような気持ちでそれを眺めていたことだろう。

（写真提供）上段・下段右：若橋一三
下段左：筆者

描いた、事件再現のイラストが話題になっていた。犠牲者の女性たちが一昔前の少女漫画のタッチで描かれていたというので、それを手がかりとして現代社会におけるサブカルチャーの重要性を喧伝するという論客が、いささか強引な論陣を張っていた。わたしはそれを聞いても、何の衝撃も受けなかった。当事者の女性が少女漫画を描くことに夢中になったとして、それは純粋に世代の「刷り込み」問題であり、それ以上でも以下でもない。ふと口をついて出てくるTVドラマの主題歌の旋律以上に、それは文化批評として特別の意味をもちえない。むしろこうした細部だけを強調することは、あのドストエフスキーの『悪霊』を思わせる陰惨な事件の本質を見えなくさせてしまうだけであるような印象をもった。

アウシュヴィッツで偶然垣間見てしまった「かわいい」仔猫は、それとは本質的に異なっていた。第三帝国が崩壊して半世紀以上が経過し、ナチスが遺した図像学はハリウッド映画からヘルスエンジェルの衣装、さらに秋葉原のプリクラのコスプレまで、世界の津々浦々に不吉にして魅惑的なキッチュ記号を散布してきた。そこにあるのは美学的倒錯ともいうべき現象である。アウシュヴィッツの仔猫はそのはるか以前にあって、意図せざるキッチュを体現している。わたしはあえてそれを、「かわいい」における道徳的倒錯と呼びたい。この「かわいさ」に直面し、その裏側に隠されている悲惨を想像したとき、人はそれ以来、キティちゃんを素直に悦ぶことができなくなり、ましてやそれを人に贈り物としてプレゼントする気にはなれなくなってしまうだろう。少なくともこの時以来わたしの内側で、「かわいい」に共鳴する何かが壊れたことは確かだった。

†「かわいい」がベイルを脱ぐとき

世界中は「かわいい」で埋め尽くされている。「かわいい」は歴史を無効とし、それを所有する者を永遠の多幸症ともいうべき状態に置いてしまう。そこではすべてが「かわいい」という言葉のもとに、現実から隔絶された同語反復の微睡《まどろ》みのなかで、しだいに輪郭を喪ってゆく。

だがもしある時、世界に遍在している「かわいい」事物がいっせいに横を向き、境界領域を侵犯して、グロテスクという隣国の領土に踏み入ったとしたら、いったいどのような事態が生じるのだろうか。わたしはそうした光景を、一度だがスクリーンで観たことがある。ジョー・ダンテが監督した『グレムリン2』(一九九〇)においてである。

そこではNYのチャイナタウンで老人が愛玩していた謎のペットが、老人の死に続く建物の取り壊しによって野生に戻り、捕獲されるや、高層ビルの内側にある生化学実験所で飼育されることになる。グレムリンと呼ばれるこのペットはまさにヌイグルミのように

図20　『グレムリン２』の「かわいい」ペットは水にあたると怖ろしい怪物を産み出す。
（©ワーナー・ブラザース映画）

「かわいく」、また愛くるしさに満ちている。だが水を浴びてしまうとたちまち背中から卵に似た胎児を続けざまに放出するという、奇怪な習性をもっている。あるとき作業員の不注意からこの小動物は水を浴びてしまう。その瞬間から破局が生じる。グレムリンの背中からは次々と邪悪な分身が生じ、高層ビルの天井や配水管の裏側に夥しい蛹《さなぎ》をもうけることになる。やがて蛹が孵化すると、そこから出現したのは獰猛極まりない爬虫類じみた怪物たちである。怪物たちは高層ビルをたちまち占拠すると、街角に降り来たって破壊のかぎりを尽くす。

「かわいい」とはつねに儚げなものであり、ヴァルネラビリティに満ちた存在である。それはまったくの偶然から、たやすくグロテスクで脅威的な怪物へと変身してしまう。『グレムリン2』は、「かわいい」に満ちた現在社会がわずかに方向を転換するだけで取り返しのつかない惨事を招いてしまうというヴィジョンを、まことしやかに語っている。だがそれはまったくの空想事ではない。心理的にも歴史的にも「かわいい」映像が抑圧し隠蔽してきたものごとが、近い将来にいっせいに地上に回帰し、その現前を誇らしげに提示するとしたら、そのときこそわれわれの社会が本質的な破局に襲われる時だろう。それがはたしてどのような形で到来するのか、誰にもあらかじめ知ることはできない。唯一確実なことは、破局がこれまで回避されてきたのはひとえに「かわいい」という観念の薄膜が、われわれを現実に直面することから隔ててきたからにすぎないからだ。

「かわいい」の薄明はすぐそこにまで迫っている。だがその終焉を無視するかのように、「かわいい」はわれわれの想像的空間にあっていっそう権能を誇り、現代社会の神話として眩しげな威光を放っている。

あとがき

筑摩書房編集部の永田士郎氏から、「かわいい」について執筆する気持ちはありませんかと尋ねられたのは、二〇〇二年の暮れにわたしがヘンリー・ダーガーについて、さる画廊で講演を行なったときのことだった。

本書の第6章でも触れたが、十九世紀中ごろにシカゴに生を享けたこの異端の独学の画家は、過度の内気が禍いしてか友人知人をもたず、生涯を通して男の子と女の子の身体的区別を知らないままに、七人の美少女たちが祖国を救うという物語と挿絵を制作し続け、無名のままに人生を終えた。わたしは彼の住んでいた部屋が取り壊されるという噂を聞き、これは一大事と直接にシカゴの家主に国際電話をして、待ってもらうように依頼した。そして三日後に現地に飛ぶと、運よくダーガーの遺品と作品の現物を手にすることができた。この時のわたしの報告に何か引っかかるものを発見されたのであろう。永田氏はわたしがノスタルジアやミニュアチュールといったオブジェに関心をもっていることを敏感に読み取られ、それではいっそのこと、「かわいい」現象をめぐる文化史を書いてみてはどうかと提案されたのである。これは興味深い申し出ではあったが、最初は一冊の書物を完成させるだけの自信がなかった。というのもわたしは現在の少女文化について、充分な知識をもっていなかったし、たとえそれを持っていたとしても、少女たちが携えている「かわいさ」の神話の埒外にいたためである。またわたしは「オタク」と呼ばれている年少者が饒舌に口にする、部外者の介入を許さない衒学的討議には何の関心も抱いていなかったし、日本のアニメ映画についても、通り一遍の知識以上のものを所有していなかったからである。

そのうちにわたしは文化庁の文化通信使としてイスラエルとセルビア・モンテネグロに滞在することになり、戦時下にある社会でのサブカルチャーのあり方と、敗戦国における文化的停滞に、一年にわたって付き合わされることになった。帰国したわたしは、世界に冠たる大衆消費社会である日本のサブカルチャーの多様性と活力、その越境性に改めて驚かされることになった。もう一度仕切り直しをして、「かわいい」現象に取り組んでみようと決意したのは、この時である。書き終わった現在の心境としては、アニメ研究や比較文化の立場の専門家から、幅広い文脈のなかでの批判を謙虚に受けたいと思っている。

わたしにとって幸運だったのは、自分が勤務している明治学院大学と、以前に講演で足を向けたことのある秋田大学の学生が、七問からなる「かわいい」アンケートに積極的に回答してくれたことだった。それはこの書物を執筆するさいに、肉声で語られた基本資料となった。二四五名にわたる回答者に感謝の言葉を申し上げたい。また栗原瞳さん、糸瀬ふみさんの二人の学生には、フィールドワークと資料蒐集の点で教えてもらうところが多かった。他にもさまざまな方から「かわいい」をめぐる示唆を受けた。ありがとうと、申し上げたい。

本書の一部は、わたしが主催する日本映画史研究会（拠点地は明治学院大学文学部芸術学科四方田研究室）で二〇〇五年七月二十六日に口頭で発表され、その後、九月にカナダのヨーク大学、マッギル大学で講演したものを改訂したものである。また別の部分は同年十月に青島で開催された、北京電影学院主催のアジア映画シンポジウムで「什麼是可愛」と題して発表したものである。それぞれの発表のため準備に動いてくださった方々にも、感謝の言葉を申し上げたい。

二〇〇五年九月十五日

於神楽坂　四方田犬彦

【註】

1 ケン・ベルソン、ブライアン・ブレムナー『巨額を稼ぎ出すハローキティの生態』（酒井泰介訳、東洋経済新報社、２００４）は１８８頁以降において、キティちゃんをめぐるインターネット・ポルノ作家たちの作品とともに、アメリカにおけるパフォーマンス・アートがこの仔猫を絶好のパロディの対象としていることを、興味深い例とともに紹介している。とりわけカリフォルニア在住のデニス・ウエハラによる「ハロー（セックス）キティ――車に乗った狂ったアジアの雌犬」というパフォーマンスがアジア人女性のステレオタイプをいかに批判的に捕らえているかについて、興味深い説明がなされている。

2 上野千鶴子『老いる準備』学陽書房、２００５、27―28頁。

3 太宰治『女生徒』、ちくま文庫版『太宰治全集』第2巻、１９４頁。

4 森田芳光監督『家族ゲーム』、ＡＴＧ製作、１９８３。

5 以下の語源への言及は、小学館版『日本国語大辞典』第5巻（１９７３）２６２頁、同『古語大辞典』（１９８３）３８８頁、東京堂出版『表現語辞典』（１９８５）２４４―２４５頁、同『現代形容詞用法辞典』（１９９２）１６４―１６７頁、同『日常語語源辞典』（１９９３）66―67頁に拠っている。

6 『今昔物語集』第26巻5話、角川文庫版「本朝世俗部」上巻、１９５４、２４８頁。

7 『建礼門院家集』、前掲『日常語語源辞典』67頁。

8 清少納言『枕草子』、小学館版『日本古典文学全集』、１９７４、２９８頁。

9 Arthur Waley, *The Pillow-book of Sei Sho-nagon*, George Allen & Unwin, London, 1924, P. 123-124. なおウェイリーの『枕草子』翻訳については、四方田犬彦『心ときめかす』（晶文社、１９９８）16―26頁を参照。

10 小学館版『古語大辞典』、前掲、３８８頁。

11 邦訳は『日葡辞書』岩波書店、1980、111頁。
12 二葉亭四迷『平凡』、角川書店版『日本近代文学全集』第4巻、1971、251頁。
13 萩原朔太郎「蛙の死」、現代詩文庫版『萩原朔太郎詩集』思潮社、1975、34頁。
14 ドナルド・リチー『イメージ・ファクトリー 日本×流行×文化』松田和也訳、青土社、2005、64頁。
15 以下は研究社版『英語語源辞典』(1997)による。
16 ロラン・バルト『現代社会の神話』下澤和義訳、みすず書房、2005。
17 詳しくは四方田犬彦『日本の女優』(岩波書店、2000)と四方田犬彦・斎藤綾子編『映画女優 若尾文子』(みすず書房、2003)を参照。
18 バルト、前掲、111―113頁。
19 ジグムント・フロイト『無気味なもの』、人文書院版『フロイト著作集』第3巻、1969。
20 ダイアン・アーバス『ダイアン・アーバス作品集』伊藤俊治訳、筑摩書房、1992。
21 枕草子、前掲、298頁。
22 アリストテレス『詩学』、中央公論社版『世界の名著』第8巻、藤沢令夫訳、1972、297―298頁。
23 イー・オリョン『「縮み」志向の日本人』学生社、1982、25―26頁。
24 Susan Stewart, *On Longing : Narratives of the Miniature, the Gigantic, the Souvenir, the Collection*, John Hopkins, 1984. その一部は高山宏によって『現代文学のフロンティア』(岩波書店)第4巻「ノスタルジア」(1996)に翻訳されている。
25 新潮社版『三島由紀夫全集』第10巻、1973、32頁。
26 種村季弘「プリクラ」、『徘徊老人の夏』筑摩書房、1997、81―82頁。
27 前掲書、註24に収録。
28 Frederic Jameson, *Postmodernism*, Duke University, 1991, p. 19. また pp. 279-296 も参照。

29 Jacques Lacan, "Fonction et Champs de la Parole et du Language en Psychanalyse", *Ecrits*, Edition du Seuil, 1966, p. 320. この「精神分析におけるパロールとランガージュの機能と領野」という論文は、大修館の邦訳では『エクリ』第1巻４３６頁に相当するが、訳文は採用せず。

30 四方田犬彦『マルコ・ポーロと書物』（枻出版社、２０００）において、筆者は『セーラームーン』について、より細密な分析を行なっている。

31 ロジェ・カイヨワ『遊びと人間』講談社、１９７１。

32 ヘンリー・ダーガーについては、四方田犬彦「ヘンリー・ダーガーを索めて」（『アサヒグラフ』２０００、２月18日号）、マッグレガー『ヘンリー・ダーガー』作品社などを参照。

33 俵万智『プーさんの鼻』文藝春秋、２００５、72頁。

34 ロラン・バルト『モードの体系』佐藤信夫訳、みすず書房、１９７２、３３７頁。

35 ジャン・ボードリヤール『物の体系』宇波彰訳、法政大学出版局、１９８０、２０７—２０８頁。

36 「読売新聞」２００３年９月６日夕刊。また「萌え」一般については、堀田純司『萌え萌えジャパン』講談社、２００５が手ごろな見取り図を提出してくれる。

37 Stuart Hall, "New Culture for old", in D. Massay and P.Jess (eds.), *A Place in the World? Places, Cultures and Globalization*, Mylton Keynes, Oxford University, 1995. ただし岩渕功一『トランスナショナル・ジャパン』岩波書店、２００１からの引用。

38 「朝日新聞」１９９９年11月29日。

39 ベルソン、ブレムナー、前掲、註１。

40 岩渕、前掲、30頁。

41 筆者はこの問題を「「ヨン様」とは何か？」（『新潮』２００５年７月号）で論じ、また２００６年３月に開催予定の村上春樹シンポジウム（国際交流基金主催）で検討する予定である。

ちくま新書
578

「かわいい」論《ろん》

二〇〇六年一月一〇日　第一刷発行
二〇二四年九月　五日　第一六刷発行

著　者　四方田犬彦（よもた・いぬひこ）

発行者　増田健史

発行所　株式会社 筑摩書房
東京都台東区蔵前二‐五‐三　郵便番号一一一‐八七五五
電話番号〇三‐五六八七‐二六〇一（代表）

装幀者　間村俊一

印刷・製本　三松堂印刷 株式会社

ISBN978-4-480-06281-9 C0295

ちくま新書

377
人はなぜ「美しい」がわかるのか
橋本治
「美しい」とはどういう心の働きなのか？　「合理性」や「カッコよさ」とはどう違うのか？　日本の古典や美術に造詣の深い、活字の鉄人による「美」をめぐる人生論。

261
カルチュラル・スタディーズ入門
上野俊哉
毛利嘉孝
サブカルチャー、メディア、ジェンダー、エスニシティ、ポストコロニアリズムなどの研究を通してカルチュラル・スタディーズが目指すものは何か。実践的入門書。

432
「不自由」論——「何でも自己決定」の限界
仲正昌樹
「人間は自由だ」という考えが暴走したとき、ナチズムやマイノリティ問題が生まれる——。逆説に満ちたこの問題を解きほぐし、21世紀のあるべき倫理を探究する。

539
グロテスクな教養
高田里惠子
えんえんと生産・批判・消費され続ける教養言説の底に潜む悲痛な欲望を、ちょっと意地悪に読みなおす。知的マゾヒズムを刺激し、教養の復権をもくろむ教養論！

557
「脳」整理法
茂木健一郎
脳の特質は、不確実性に満ちた世界との交渉のなかで得た体験を整理し、新しい知恵を生む働きにある。この科学的知見をベースに上手に生きるための処方箋を示す。

569
無思想の発見
養老孟司
日本人はなぜ無思想なのか。それはつまり、「ゼロ」のようなものではないか。「無思想の思想」を手がかりに、日本が抱える諸問題を論じ、閉塞した現代に風穴を開ける。

566
萌える男
本田透
いまや数千億円といわれる「オタク」市場。アキバ系と呼ばれる彼らはなぜ、二次元キャラに萌えるのか？　恋愛資本主義の視点から明快に答える、本邦初の解説書。